        b. 人格と所有 ……… 35
            【自己の肉体の所有】 ……… 35
        c. 所有権の確立と時効 ……… 36
        d. 所有の放棄 ……… 40
        e. 不法 ……… 41
        f. 刑罰 ……… 42

II. **道徳** ……… 45

    A. 道徳と自由 ……… 45
        【道徳と主観】 ……… 45
        【カント倫理学における当為と自律】 ……… 47
    B. 道徳の三段階 ……… 49
        i. 故意 ……… 49
        ii. 意図 ……… 50
        iii. 良心 ……… 51

III. **人倫** ……… 54

        【道徳から人倫へ】 ……… 54
        【人倫】 ……… 54
    A. 家族 ……… 55
        a. 婚姻 ……… 55
            【性愛と婚姻】 ……… 55
            【結婚式】 ……… 57
            【人倫的婚姻とロマン主義】 ……… 59
        b. 男と女の性役割の相違 ……… 62
        c. 家族の資産 ……… 66
        d. 家族の解体 ……… 67
            【子供の教育】 ……… 67

        e. 遺産相続 ……… 69
   B. 市民社会 ……… 70
        【国家と市民社会】 ……… 70
        【外面的国家】 ……… 72
     a. 欲求の体系 ……… 73
        【欲求と労働の分化】 ……… 73
        【経済法則と見えざる手】 ……… 74
        【資産の不平等】 ……… 77
        【ビルドゥング】 ……… 78
        【プラトンの『国家』への批判】 ……… 79
        【職業身分】 ……… 82
     b. 司法 ……… 85
        【司法と市民社会】 ……… 85
        【裁判】 ……… 86
        【陪審員裁判】 ……… 90
     c. 行政と職業団体 ……… 90
        【欲求の体系の暗部への対策】 ……… 90
        【ポリツァイ（行政）】 ……… 91
        【職業団体】 ……… 94
   C. 国家 ……… 96
        【人倫的理念の現実性としての国家】 ……… 96
        【国家における自由】 ……… 98
        【国民国家】 ……… 99
   A. 国内法 ……… 101
     i. 国内体制 ……… 101
        【有機体としての国家】 ……… 101
        【国家と市民社会の分離】 ……… 103
        【愛国心】 ……… 105

　　　　　【宗教と国家】………… 106
　　　　　【三権分立】………… 108
　　a. 君主権（die fürstliche Gewalt）………… 110
　　b. 統治権（Die Regierungsgewalt）………… 113
　　c. 立法権（Die gesetzgebende Gewalt）………… 115
　　　　　【ヘーゲルの立法権論と議会】………… 115
　　　　　【議会の役割の虚像と実像】………… 117
　ii. 対外主権 ………… 121
　　a. 戦争と平和 ………… 121
　　　　　【国家主権と戦争】………… 121
B. 国際法 ………… 124
　　　　　【戦争と平和】………… 124
　　　　　【国際法】………… 126
C. 世界史 ………… 128
　　　　　【法廷としての歴史】………… 130
　　　　　【歴史哲学】………… 130

その後のヘーゲル『法の哲学』………… 135

　　　　　【後代への影響】………… 135

あとがき ………… 139

第1部

近代国家の現実と哲学
ヘーゲル『法の哲学』を手引きとして

I.
なぜ、今、ヘーゲル『法の哲学』か

A. 国家哲学

【人文科学としての哲学的国家論】

　国家とは何なのか、とりわけ、私たちが住み、生活している近代国家はどのようなものなのか。あまりにも馴染んでいることなので、今さらと思われる問いかもしれない。しかし、選挙に行ったり、税金を払ったり、国立の機関に関わったり、国際問題に関心を持ったりするとき、また自国が──今の日本で縁のないこととなっているが──戦争に突入するようなとき、国家の存在の固い手ごたえを感じ、国家とは何かについて深刻な想いをこめて振り返らざるをえなくなるときはあるはずである。その際、それを、たんなる床屋政談としてではなく、学問的裏付け──そのようなものがあるとするならば──をもって振り返る必要も出てくるであろう。ただ、学問的と言っても、一般には、それは、法学、政治学、その他せいぜい社会学か歴史学の分野に属する研究対象だと思われるのではないか。それを、本書では、哲学、それも人文科学としての哲学[1]という学

1　人文科学は、近世初頭のヴィーコ（1688-1744）以来、歴史において人間の活動によって創り出された事象の理解を目指す学問という性格付けを与えられた。それは、デカルト（1596-1650）に代表される近代自然科学思想に対立するのである。デカルトにあっては哲学は自然科学を意味していたが、ヴィーコはそれに反抗する。ヘーゲルの哲学もまたそれ

問領域にこの問題を据えて考えてみようというのである。哲学は、日々私たちが経験している事象を事実に即して具体的に分析、考察する学問ではない。国家についてなら、国家を支える原理原則に立ち返って検討するという立場をとる。それも、人間とは何か、その人間がいかなる考え方、いかなる信念に基づいて国家を形成するのかという所にまで遡って考えるということが要求されるのである。したがって、それは、迂遠な道を辿ることを意味すると思われることもあるかもしれないが、そのことによって、逆に、他の学問でも、またジャーナリズム上の解説でも不可能な、独特な視野が広がるということもあるはずである。少なくとも、そういう可能性が開かれるはずだ、ということが本書の執筆意図となっている。

そのような哲学としての国家論を展開する際の導き手として、ここで登場させたいのが、近代ドイツの哲学者G. W. F. ヘーゲル（1770-1831）の『法の哲学』である。国家、それも近代国家というものがいかなるものと考えられるのか、また、そこに生きる近代人とはいかなる者なのか、ヘーゲルの『法の哲学』は、数ある哲学的国家論のなかでも、特別の深みをもったものとしてその問題を追求している著作であり、しかも今日なお現実的な示唆を与えてくれる著作であると言える。哲学の側面から見ていくということは、国家について、法学的立場から検討を進めることではすまないということであり、国家を作り、そこに住む人々の、人間や世界についての考え方や信念を浮かび上がらせなければならないということである。今日、このような人文科学の旗色は良いものとは言えない。IT長者が人類の恩人と称されている時代、人文科学、取り分け人文科学

を引き継ぐものであったと言える。

に属するものとしての哲学など最も軽視されかねない学問となっているからである。しかし、哲学的問いかけというものは、縷説(るせつ)するまでもなく多くの人々の心のなかに確実に宿っているものである。国家について哲学的に考えるということがなおざりにされ切れるはずはないのである。今日の人文科学軽視の風潮は、真の知性なり、文化の香りのするものへの蔑視という一種異様な精神的貧困の産み出すものの類だとみなすべきであろうが、少なくとも、明治の初年という時代の日本では、事情は大いに異なっていたようである。その時代を代表する作家、夏目漱石（1867-1916）の『三四郎』で、主人公が図書館から借り出した書籍でたまたま目にした学生の文章として言及されている一哲学者について述べた言葉に耳を傾けてみよう。

　「ヘーゲルのベルリン大学に哲学を講じたる時、ヘーゲルに毫(ごう)も哲学を売るの意なし。彼の講義は真を説くの講義にあらず、真を体せる人の講義なり。舌の講義にあらず、心の講義なり。真と人と合して醇化(じゅんか)一致せる時、その説くところ、言うところは、講義のための講義にあらずして、道のための講義となる。哲学の講義はここに至ってはじめて聞くべし。いたずらに真を舌頭に転ずるものは、死したる墨をもって、死したる紙の上に、むなしき筆記を残すにすぎず。なんの意義かこれあらん。……余今(よ)試験のため、すなわちパンのために、恨みをのみ涙をのんでこの書を読む。岑々(しんしん)たる頭(かしら)をおさえて未来永劫(えいごう)に試験制度を呪詛(じゅそ)することを記憶せよ」とある。署名はむろんない。三四郎は覚えず微笑した。けれどもどこか啓発されたような気がした。哲学ばかりじゃない、文学も

このとおりだろうと考えながら、ページをはぐると、まだある。「ヘーゲルの……」よほどヘーゲルの好きな男とみえる。「ヘーゲルの講義を聞かんとして、四方よりベルリンに集まれる学生は、この講義を衣食の資に利用せんとの野心をもって集まれるにあらず。ただ哲人ヘーゲルなるものありて、講壇の上に、無上普遍の真を伝うると聞いて、向上求道（ぐどう）の念に切なるがため、壇下に、わが不穏底（ふおんてい）の疑義を解釈せんと欲したる清浄心（しょうじょうしん）の発現にほかならず。このゆえに彼らはヘーゲルを聞いて、彼らの未来を決定（けつじょう）しえたり。自己の運命を改造しえたり」。[2]

　ここで、言及されているヘーゲル、欲得を超絶して真を体得した哲学者、道を体得することのみをこいねがい見返りを求めない哲学者とされているヘーゲルのベルリン大学での講義ということになれば、『法の哲学』もその一つに入りそうである。ともかくも、法という、最も世間の垢にまみれやすきものを論じた哲学にも、俗世の要求を超えた高邁な学問の香りが漂うものであることを、明治初期の日本人が予感していた、あるいは期待していた証拠にはなりそうである。哲学によって近代人の生がいかに捉えられるのか、この先の課題としなければなるまい。

【modern（モダーン）とは？】
　ところで、すでに、このヘーゲルの『法の哲学』が近代国家と近代人を論じたものであることは、述べた。そこで、『法の哲学』の

2　岩波文庫。

検討を、この「近代」と訳される「modern（モダーン）」とは何かという問題から始めることにする。

ここでいう「近代」はフランス語（もともとはラテン語）modern（モダン）の訳語である。英語その他の言語にそのまま定着している言葉である。英語のmodernという言葉を日本語に訳す場合、その困難さは、それぞれの文脈にしたがって、「近世」、「近代」、「現代」と訳し分けなければならないということである。本書でのmodernはその三つの意味でのmodernに関わるはずであることを明言しておこう。すなわち、ここでは、「現代」の私たちを取り囲む、家族、社会、経済、司法、国家の諸問題が念頭にあり、それについて考察しようというのだが、それをフランス革命（1789年）の直後に著された西洋「近代」の法哲学の古典に即して行う。そのためには、中世の枠組みが崩壊して、国家主権の概念が確立されるとともに現れた「近世」の古典的な国家学、法理論への配慮も必要となってくるということである。本書においては、あくまでも第二の意味でのmodernが中心となるにせよ、その論述には、他の意味でのmodernも考えられているのである。

この「近代」の問題をヘーゲルの『法の哲学』を通じて考察するに際して忘れてはならないことは、ただ法学、国家学の観点から近代国家を検討するということに留まるだけではなく、近代人の考え方、心情、思想、信仰、常識がいかなるものであるかの探求にまで立ち入っていくということである。Gesinnung（心情、志操）という言葉は、『法の哲学』に頻出する言葉である。ヘーゲル『法の哲学』の考察は、「天下、国家」に関わる政治問題、法制度問題に留まるものではなく、私たちを取り囲むごく卑近な問題にまで及んでいく。たとえば、ここでは家族という誰にとっても身近な対象も取

り上げられるが、その際に、男女の結びつきの前提として結婚式が挙げられなくてはならないのはなぜか。死者の葬式をその家族が執り行うということはどのようなことなのか。遺産相続はどのように行ったらよいのか等々ということまでが取り上げられる。また、司法が論じられる際には、犯罪に対する刑罰が懲役何年、罰金いくらというように数量化された形で下されるが、それはどのような理由によるのかが論じられ、さらに、裁判が論じられる際には、なぜ時効というものがあるのか、裁判員制度の根拠は何かなどが問われる。国家、社会の問題が取り上げられる際には、官と民の権限の境界線はどこにあるのか、言論の自由の根拠は何か、国家はなぜ元首を必要とするのかといった、一見枝葉末節と思われる国家、社会の問題が取り上げられる。それが、近代人の生のありようの精髄をつくような鋭さをもって問われるのである。その点では、ヘーゲルの叙述には生哲学的とでも称せられるものがあると言えるであろう。

B. 生哲学としての『法の哲学』

　ヘーゲルの初期の神学的論稿を見ても、後期の『論理学』に至っても、ヘーゲルの哲学にとってLeben（レーベン）——「生命」のほか、「生」、「生活」、「人生」などと訳される——という概念がいかに重要なものであるかがわかる。それにしてもLebenという言葉を用いた哲学ということになれば、Lebensphilosophie（「生哲学」）という言葉が思い出される。ニーチェやベルクソンの哲学をそのように呼ぶのだ。論理的、合理的思惟によって哲学的真理に到達しようというのではなく、しばしば非合理的な思惟に分け入り、感覚的、

情動的な知、時には、日常生活に密着した知、芸術的な知に重きを置いて、表現としてはアフォリズム的表現を好むような哲学のことである。本書においても、『法の哲学』に盛られたいかにもしかつめらしい法学的、国家学的主題を、この生哲学の領域に導き、一層豊穣な知へと変貌させることが試みられる。

　しかし、いくらヘーゲルの著作に生という言葉が頻出していると言っても、ヘーゲルが、いわゆる生哲学者、詩人哲学者になりきったわけではないことも事実である。『論理学』のなかでは、生概念はやがてその最終章の「理念」に組み込まれていく。法に関しても、法をすべて歴史的条件によって決定されるものとする慣習法、ヘーゲルの同僚サヴィニーの名と共に有名な慣習法の立場などは捨てられ、あくまでも、成文法の立場への固執が認められる。そのように生概念が重視されても、それは理性と相即するものとされた上でのことなのであった。『法の哲学』の序言に示された有名な言葉、「理性的なものは現実的であり、そして現実的なものは理性的である」(『法の哲学』上、17-18頁)[3]という言葉にもそのことは認められるのかもしれない。この言葉には、現実の成り行きをそのまま肯定する老獪な現実主義、あるいは皮肉を含んだペシミズムの類を読み取るのが一般であると言えるかもしれない。しかし、いずれにせよ「現実的」と並んで「理性的なもの」という言葉がキーワードとなっていることも忘れるわけにはゆかない。『論理学』を頂点に据え、「理性」への揺るぎない信頼を示すかに見られる彼の哲学が、生きた現実と重なり合う姿がここに見て取れるはずである。

3　訳文は、上妻精、佐藤康邦、山田忠彰訳の岩波書店版の『法の哲学』によっている。(　)のなかの頁数は序言の訳文の頁。

「生概念」と「理性」との相即は、また『法の哲学』が、狭義の国家学や法哲学であることを超えて、法学という学問の枠組みから大幅に逸脱する内容を含む著作であることを可能にしていると言える。ここでは、たんに法学的、国家学的内容のみが扱われるのではなく、法を取り囲んでいる個人の心情や、社会の事情が扱われている。さらには、それを超えて、法によって決定されないような人間関係の領域にまで考察が進んでいることがしばしばである。家族が扱われる場面では、男女の性愛の問題や親子の情愛の問題、教育の問題が扱われる。社会の問題、ヘーゲルの言い方では「市民社会」の問題が扱われる場面では、法や、国家の領域外にある市場原理についての考察が行われている。経済法則を人倫の歴史の側から考察したり、職業倫理の問題として扱ったりするということが常になされる。国家を論ずる場面では、純然たる国家の制度、行政や議会の機能の問題を超えて、愛国心のような心情の問題が、さらには兵役の倫理的観点からの考察がされるし、最後には国家を超えた世界史の意味が問われるに至る。

　『法の哲学』の「法」という言葉のドイツ語の原語であるレヒト（Recht）は、「法」というだけではなく「権利」とも訳されれば、「正しさ」「正義」とも訳される言葉である。それに対応して、この著作では、国家における個人の法的義務や権利の問題が扱われるだけではない。広い意味での人間の活動の正しいあり方一般が、また社会一般のあり方が問われるに至っているのである。

　法の問題を、法学の水準で論ずるに留まるだけではなく、社会学の文脈で扱った著作として、マックス・ウェーバーの「法社会学」が知られている。その法に関する社会学という学問領域に相応しいものとして、彼の「諒解（Einverständnis）」という概念をあげるこ

とができよう。ウェーバーによれば、「諒解」は、明確な「秩序基準（Ordnung）」なしにも、そのような「秩序基準」があるかのように社会の秩序が形成され、それが機能する状態を指す言葉である。法の問題を扱いながら、法を超えた所で機能する秩序を問題化するという興味深い事態が出現するのであるが、それと同様のことを、ヘーゲルの『法の哲学』ならば、法を外的な制度の問題としてだけではなく、志操、心情（Gesinnung）の問題として扱っている所に見ることができるであろう。その意味で、ヘーゲルの『法の哲学』は、法以前の所で法を支えている秩序意識を扱う法社会学的内容をも含んでいると言えるのであろう。

　以上で『法の哲学』の概観を終えたことにしよう。続いては、『法の哲学』の基本主題である自由という概念を基軸に据えながら、『法の哲学』が書かれた時代背景について展望し、『法の哲学』の成り立ちの論述を進めることにしよう。

C. 法と自由

【ヘーゲルは自由の味方？　自由の敵？】

　『法の哲学』は、近代ドイツの哲学者ヘーゲルが、1817年以来、始めはハイデルベルク大学で、やがてはベルリン大学で、1831年に彼が亡くなるまで行った「法の哲学」の講義のために彼自身が書いた講義用のテキストと、講義中に学生が取ったノート――ヘーゲルの眼が通っている注解と、通っていない補遺に分かれる――からできている著作である。このように、執筆時からすでに200年近くの時が過ぎ去ろうとしている。それだけを見れば、かなり古い

ものと見られかもしれない。また、この講義が行われたのが、ドイツの一地方であるプロイセンの大学でのこととなれば、随分ローカルなものとも思われるかもしれない。さらにヘーゲルその人の哲学に対しても、毀誉褒貶あって、評価定まらずということがある。たとえば、ヘーゲルの立場は保守なのか革新なのか、リベラルなのか抑圧的なのか、自由の味方なのか敵なのかということ一つ取ってみても、いまだに決着のつかない問題であるのだ。ヘーゲル自身は、『法の哲学』全体を、自由という概念を基軸に据えて展開している。が、彼の実際の論述を見れば、むしろこの自由を支えるものとしていかに自由ならざるものへの配慮が必要かが語られているようにも見え、到底自由の守護神の論述などではないともみなされるのである。少なくともそう解釈している人々も少なからずいる(ラッセル(1872-1990)、ケルゼン(1881-1973)、……)。このように、自由の敵か、味方かということ一つ取っても、一通りにはいかないという問題がヘーゲルにはつきまとうが、それはフランス革命以降のヨーロッパ史に対する彼の思想遍歴に深く関係することでもあった。

　ヘーゲルの『法の哲学』の講義が行われたのは、フランス革命が勃発し、それが恐怖政治へと移行し、その革命によって生じた混乱をナポレオン(1769-1821)が収拾し、彼の帝国が作られ、やがてその帝国も消滅し、代わってメッテルニヒ(1773-1859)による反動的なウィーン体制が出来上がって間もないという時代である。近代国家というものが生まれるに当たっての激動の時代が過ぎ去り、反動の時代、安定の時代に入った時代であると言っても良い。ということは、激動の時代に対する反省が加えられ、近代というものが持つ肯定面も否定面も客観的に検討する余裕が生じた時代であったと言えるかもしれない。したがって、メッテルニヒの反動の時代と

言っても、それは旧体制へのたんなる回帰を意味しているわけではない。旧体制に代わって、近代の人権思想を前提とした法治的国家が今日まで続く国民国家として形成されつつあった時代、法治国家の条件をなす合理主義的な法体系や裁判制度が成立しつつあった時代、宗教的権威から世俗的権力が分離しつつあった時代、社会（経済）と国家（政治）との分離が明らかとなった時代、それに対応するように資本主義と官僚体制という近代国家を支える二本の柱が社会の前面に姿を現しつつあった時代、時に君主政体を取り、時に共和政体を取るという入れ替わりがあったとしても、憲法に基づいた国家体制を形成する方式が模索された時代であった。その意味では、私たちが生きている現代の社会体制、国家体制の基本的枠組みが成立しつつある時代であったとも言える。したがって、その私たちが現に生きている時代が何であるかを知るためにも、どうしても立ち返ってみなければならない時代であると言えるのである。

　ヘーゲルの『法の哲学』は、まさにこの動乱期が過ぎ去りゆく時代に、動乱が終結を迎えつつあった時代の国家の事情を細部に至るまで詳細かつ的確に描いたものとして登場してきたのである。先般、ヘーゲルが基礎づけたような国民国家はすでに時代遅れのものという主張が広くなされたことがあった。両次大戦という、過去の国民国家同士の悲惨な戦争の記憶がある上に、EUの成立等を追い風にして登場してきた考え方である。しかし、今日どうであろうか。戦争のない、移住の自由ほかの人権が保障され、国境の壁の取り払われた国家同士の共同体の理想は、参加国の国内事情、ヨーロッパ域外からの難民の流入への対処をめぐって風前の灯の感を呈している。国家間の利害対立も、それを超えた協力関係も、国民国家という枠のなかでの調整を必要不可欠のものとしているかのようである。そ

のような現実を踏まえてみて、改めて国民国家の原点をなす、ヘーゲルの国民国家論の研究の重要さを感じざるをえないというのが実情というものなのではなかろうか。

II.
『法の哲学』の基本

　具体的な話に入る前に、このヘーゲルの『法の哲学』、ドイツ語でGrundlinien der Philosophie des Rechts、日本語に直訳すれば『法の哲学の要綱』と呼ばれ、副題として「自然法と国家学概要」Naturrecht und Staatswissenschaft im Grundrisseという言葉が添えられている著作の基本構成を素描しておこうと思う。

　そこでまず確認しておかなければならないことは、この著作が、ヘーゲルに先行する法思想、古代ギリシアの立法家から始めて、ローマ法思想を踏まえた上で、さらには近世初頭以来の、すなわちジャン・ボダン（1530-1596）、グロチウス（1583-1645）、ホッブズ（1588-1679）、ロック（1632-1704）、モンテスキュー（1689-1755）、ルソー（1712-1778）、スミス（1723-1790）、カント（1724-1804）といった国家学者、法学者の学問的成果を、たとえそれらに対する批判を含んでいたとしても、継承しているということである。ということは、彼らの法思想によって論じられ、擁護されてきた、国家主権、基本的人権、自然法、経済的自由、思想信条の自由等の思想は、ヘーゲルの『法の哲学』にとっても不可欠の前提となるものであったということである。その点でこの著書は、西欧の法思想の伝統に加えて、市民革命以降の近代思想というものも踏まえた「法の哲学」と呼ぶにふさわしいものとなっているということである。

　ヘーゲルは、これら近代の人権思想や、経済的自由、政治的主張に対してどういう態度を取ったのか。彼の立場はただ保守的あるい

は反動的であったのか、それとも進歩的であったのかは、興味あることと言えよう。少なくとも学生時代、ヘーゲルがフランス革命勃発の報に感激し、仲間（哲学者のシェリング（1775-1854）、詩人のヘルダーリン（1770-1843）等があげられている）と大学の寮の庭に自由の木を植えて祝ったという逸話は、若き日には彼が進歩的、革命的であったことを明らかにしている。同様に、テュービンゲンの神学校で学んだが故に聖書解釈の形を借りて展開された、ヘーゲルの「神学論集」に盛られた初期思想を見る限り、彼の思想は、ドイツおよびヨーロッパの旧体制に戦いを挑む、進歩的な新時代の主張を明らかにするものであった。しかし、その彼が、後年に至って、ベルリン大学教授として表明した思想は、たんに進歩的な思想家のものとも言い難いもの、むしろ保守的と見られるほかないものになっている——たとえば、エルンスト・カッシーラー（1874-1945）『国家の神話』[4]——。そのことは、理想を一挙に実現しようとするようなラディカルな政治思想をジャコバン主義と呼んで貶しめ、土地貴族や国王等の旧勢力の温存の立場を鮮明にしていることとか、国家にとっての戦争の不可避性を説き、家族においては性役割を肯定するようなことに見合っていることと言えよう。

若き日に革新的な思想にかぶれながら、中年以降はすっかり保守的思想の持ち主になるといったことは何も珍しいことではなく、私たちの周辺にも容易に見いだせることであろうが、保守的になったヘーゲル後年の思想のなかにも、フランス革命に熱中した頃の思想の名残としての近代的原理が見出せることは忘れてはならないこと

---

[4]　ここでカッシーラーはヘーゲルの国家論を保守的という言葉ですませている。宮田光雄訳『国家の神話』（創文社）329頁以下。

であろう。少なくとも、それは『法の哲学』においてその基本原則を「自由」に置いて、その主題を、それの客観的な現実における実現に求めていることにも現れているはずである。しかも、その自由についての見解には、自由にどのような側面があるかというだけではなく、自由が自由とは対抗関係にあるものに転化するような、自由がその対抗物によって支えられるようないわゆる弁証法的な経緯の研究も含まれているのである。

　すでに見た、理性的なものが現実的でもあるというヘーゲルの言葉も、このことと深く関わっている。この言葉は、『法の哲学』で展開される国家が、「理想国」の類ではないこと、とは言え、現実そのものの追認というのでもなく、ウェーバーなら理念型（Idealtypus）と呼んだものの提示であることを示していると言えよう。それは、学問的に形成された概念をもって現実を理解しようとする際に、現実から抽出した、現実の対象の典型を示すという使命を帯びている概念という意味である。ヘーゲルの『法の哲学』で描かれた「国家」はまさしくそのようなものである。それは確かに徹底したものであって、『法の哲学』には、常識的に考えられる法学的、国家学的な国家像が示されているだけではない、そこから逸脱するような内容、法を取り囲んでいる個人の心の事情や、社会の事情、法によって規定されないような人間関係までもが描き出されているのである。このようにヘーゲルの『法の哲学』には、狭義の法学的、国家学的著作ということを超えた内容、この著作以降に現れることになる、マルクスの資本主義論やウェーバーの官僚制論や法社会学的議論、パーソンズやルーマンの社会システム論、さらには

自然的条件への配慮という点で、環境問題を先取りするような[5]理論の先駆けの位置を占めるような内容が含まれていると言えるのである。それだけ、法や国家を論ずることを通じて、ヘーゲルが人間全般に関わる哲学的思索を深めていると言えるであろう。

『法の哲学』「序言」の終結部には、「ミネルヴァの梟（ふくろう）は、夕暮れとともに、はじめてその飛翔を始める」（22頁）という有名な言葉が書かれている。ミネルヴァはギリシア神話の女神アテネーの別名であり、学問、哲学、そして戦争を司る神であるとともに、知恵を秘めた動物と信じられている梟に結びつけられる神である。梟は、昼は眠っていて、夕方になってようやく飛び立つ。そのように、この著作は、明るい未来を築くための沸き立つようなスローガンに彩られたものなどではなくて、「自らの灰色を灰色で描く」（22頁）ような陰鬱な作業を通じて、すでに完成点に達した時代の意味を全体として捉え直そうとするものだというのである。この文章は、考えようによっては、ヘーゲルの哲学全体の姿勢を示しているとも言えるかもしれない。最初の体系的な著作『精神現象学』にしても、学問の革新を宣言するというよりは、人類の知的体験の総括ということを構成原理とするものだからである。その点で、彼の『法の哲学』は、フランス革命とそれに続く動乱の時代という現実の歴史と、ヘーゲル哲学固有の性格とが出会って初めて成立しえた独特の産物であるということになるであろう。たしかにこの著作にヘーゲル哲学のす

5　ジョージェスク・レーゲン（1906-1994）は、経済問題をエントロピーの観点から扱った『エントロピー法則と経済過程』（みすず書房）という著作を著し、そこにおいてヘーゲルに高い評価を与えているが、そのようなことにも注目すべきであろう。

べてが集約されるわけではないし、ヘーゲル自身を国家学なり、法学なりの専門家とみなすこともできない。法学者としては、むしろアマチュアと呼ぶべき存在かもしれない。しかし、それゆえに、かえってこの国家学、法学的著作に生きた血が通い、近代社会と近代国家の論述が生命の息吹が感じられるものになっているとは言えそうである。早速、緒論におけるヘーゲルによる法に関する規定から始めよう。

III.
自由法と実定法

A. 自然法思想

【自由と自然法】

すでに見たように、ヘーゲルは、『法の哲学』の主題を「自由」であると語り、「法体系は実現された自由の国」[4節]であるとまで語っている。ただし、この自由にも幾通りかあって、基本的人権に属する自由もあれば、ヘーゲル的なバイアスのかかった自由、すなわち必然性に媒介された自由とか、多次元的なものとして有機的に構成された国家における自由[6]といったものも含まれているが、いずれにせよ『法の哲学』全体は、法や国家が自由と固く結びついているという考え方のもとで展開していくのである。振り返って見れば、すでに古代ギリシア以来、西洋においては、法と自由とが固く結びつかねばならないという思想の伝統はあった。それが、法を人民の取り締まりと一体化させる法家の伝統にしたがう東洋と異なる所と言えよう。古代アテネのペリクレス（前495?-前429）は、ペロポネソス戦争中行われた有名な追悼演説のなかで、アテネの自由を、法治国家としてのアテネのポリスと結び付けていた。近代の国家論を代表するイギリスのJ.ロック（1632-1704）の場合でも、宗教的

6 　S.アヴィネリの『ヘーゲルの近代国家論』は、近代国家を多次元的なものの統一体とみなし、ヘーゲルの国家論をその代表的な理論とみなした。

寛容を初めとして、国家権力に対抗する市民の権利の確保こそ、彼の国家論、『統治二論』における基本要件であった。スイス生まれのJ.J.ルソー（1712-1778）は、自らの国家論、『社会契約論』の冒頭において「人間は生まれながらにして自由であるのに、至る所で鎖につながれている」と書き、人間の自由を侵害する旧体制を弾劾して、真の有るべき国家像を示そうとした。スコットランドのアダム・スミス（1723-1790）は、個人の経済活動の自由を自由の必須要件とみなし、ドイツのカント（1724-1804）は、法的自由を「外的自由」と呼び、道徳の次元に属する「内的自由」から区別し、後者の内的自由の意義を際立たせた。そのように、法と自由は固く結びつけられていたのであるが、彼らが人間の自由について語るとき、しばしば、それを自然という概念と結びつけていたことが注目される。それが「自然法思想」と呼ばれるものである。

　法の基礎付けにおいて、法をたんに人為的に作られた約束事なり、秩序維持のために国民に服従を強制する規則としてみなすのではなく、人間の本性、人間の自然——ともにnatureの訳語——に根ざしたものとする考え方がこれである。このネイチャーに根差した法が、自然法（Naturrecht）、すなわちラテン語でlex naturalis、英語でnatural lawと呼ばれるものである。この考え方は、ギリシアのポリス崩壊後の古代なり、中世なりに遡ることができる考え方である。変わらざる正義に関する意識というものが、私たちの心のうちにはある。それは、一地方でしかない国家（ポリス）の枠を超える普遍妥当性を持つものであり、わたくしたちの本性（nature）に根ざすものであるという考え方は、多くの現代人にも納得のゆく考え方であろうし、法や国家の根拠づけにとってそのような自然法的正義が必要とされるということも、それなりに理解されることであろう。

その自然法思想が近世において、グロチウス（1583-1645）の思想などにおいて甦った。それは、17世紀のホッブズ（1588-1679）においては、もっぱら個人の生存権に引きつけて定式化されるにいたったという点で過去の自然法思想との相違を明確にしている。ホッブズの考え方は、「社会契約説」と呼ばれるものであり、国家の成立について説明するのに、まず法も国家も存在しない自然状態という段階を想定し、そこにおける個人の権利について考えることから始めるものである。ホッブズによれば、自然状態では、個人は自分の生存のためには何をやっても許されるとされ、それがもともと人間に備わっている権利、自然権（Naturrecht＝独）、ナチュラル・ライト（natural right＝英）というものだという。しかし、この自然状態では、個人間には闘争が繰り返され、かえって自然権は保持し難くなるので、個人同士が契約を結んで自分の自然権を一部譲渡して法律を作り、国家（commonwealthと呼ばれる）を形成したというのである。その際、そのような国家における秩序は、自然法（natural law）というにふさわしいものであると言われている。したがって、ここにも、自然法思想は見て取れるのである。

　ホッブズにとっては自然状態に戻ることが国家にとって最も悪いことであるとみなされた。そこで、この国家がいったん設立された以上は、これに国民は全面的に服さなければならないというように、国王が強権を揮うことが全面的に擁護されているように見える。その点で、一見当時の絶対王政擁護の理論のようにも見えるのだが、しかし、社会契約説の考え方そのものは、彼の後継者であるロックやルソー、さらにはカントによっても引き継がれて、個人の生存権なり自由を擁護するための理論へと変換させられていった。社会契約説の理論は、個人の権利の確立ということが近代的であるという

観点からだけではなく、自然状態を設定してみて、そこで個人がどのように活動するかを推測してみるという方式、一種の自然科学的実験を国家というレヴェルで行っている方式が近代自然科学における還元主義を思わせるという点でも、近代的性格を感じさせるものであったと言える。そこで、近代的な哲学的法学ということになれば、自然法思想のことだとみなされるのである。

B. 実定法思想

しかし、ヘーゲルの考え方はこれとは反対のものであった。あくまでも一国家において現実的に制定された法——実定法（positives Recht）——のみを法と呼ぶべきであり、「自然」といった形而上学的概念に訴えてその普遍的正当性を基礎づけるような自然法思想は誤りだというものであった。この実定法至上主義の立場に立てば、法の実際の内容も、正義とされる観念の内容も、時代や地域によって異なり、多様性を示すものであるということになる。ヘーゲルの考え方は、この法の実定性を主張するものであった。『法の哲学』のなかには、次のような文章を見出すことができる。

　　　法は、（a）ある一つの国の中で通用しているという形式によって、一般に実定的（positiv）である。〔3節〕[7]

---

[7] 『法の哲学』からの引用文に附された〔　〕のなかの番号は、原文の節の番号である。原文の各節は、本文と注解（ヘーゲルが教室で語った言葉に彼自身が校訂をくわえた文章）と補遺（学生のノートに記されたヘー

このような「実定法」のみを法とみなすような考え方を「法実証主義」と言う。法実証主義と言えば、法的正義を保障する超越的原理を否定して、法形式なり法手続きの整合性のみが法の正義を支えているとみなす考え方である。この主張の代表的存在として、20世紀ではオーストリアの法学者ハンス・ケルゼン[8]があげられるが、彼は法をもっぱら規範的なものとみなし、法を法の形式的整合性以外の権威——形而上学的権威——の上に基礎づけることを非科学的として拒否していた。それ故に、彼は超越的性格を与えられた自然を法的正義の根拠として据えるような考え方を排斥したが、そのケルゼンの法実証主義とヘーゲルの実定法擁護の主張の間には、自然法への批判という以外には共通点はまったく見出せないのが興味深い。自然を神格化したが故に批判されたカントより、存在と当為[9]

　　ゲルの講義中の言葉）から成っているので、そのどれであるかが示されている。訳文は、上妻精、佐藤康邦、山田忠彰訳の岩波書店版の『法の哲学』によっている。序言に関しては、訳文の頁を記す。

8　日本の法学界にも大きな影響を与えた20世紀オーストリアの法学者ハンス・ケルゼン（1881-1973）は、きわめて徹底した法実証主義の立場に立ち自然法思想を批判したが、それは、事実認識と規範観念を峻別すべきであるという、彼の断固とした哲学的見解にもとづくものであった。ケルゼンは、自然法の「自然」という概念をいかがわしい形而上学的概念とみなして、法をあくまでも実践に臨んでの約束事とみなす立場に徹しようとしたのである。日本におけるケルゼンの評価は大変に高い。ケルゼンの属するウィーンに発する分析哲学への評価と一体化してのことであろうか。ただし日本人に、あるいは日本社会にとってケルゼンの法思想が相応しいのか疑問はある。庶民にとっては、ケルゼン流の厳格な法の整合性の要求など、どこ吹く風の類であったのかもしれないが。

9　「現にこうある」という見方が存在の立場であり、「こうあるべき」という見方が当為の立場である。

をあえて混淆させ、世界精神などという怪しげな形而上学的概念を担ぎ出し、歴史を神格化したヘーゲルの方が余程ケルゼンからは縁遠い存在であったと言うべきであろう。

　しかし、同じ20世紀——と言っても20世紀後半になるが——において、ヘーゲルとの関わりという点で、興味深い法実証主義的主張をした法理論家がいないわけではないのである。それが、近代法の実定法的性格をシステム論の立場から指摘したニコラス・ルーマン（1927-1998）（村上淳一、六木佳平訳『法社会学』岩波書店）である。ルーマンは、法実証主義によって貫かれた近、現代の社会を「まことの世界秩序」（ルーマン『法社会学』234頁）への信頼の観念というものが失われた世界とみなした上で、社会システムの構成原理を、社会システムにとっての環境の複雑性の縮減という機能主義に求める。それは、国家というシステムに関しても適用されるはずであり、不滅の正義といった構成原理をそこに求めるようなことはせずに、実定法思想のもとでは、法改正すらもが合法化されるということに注目するのである。そのような機能主義の観点から、自然法思想に代わって実定法思想が肯定されることになる。それをもって、モンスターと化した現代の巨大な社会システムの把握が試みられるのである。その際、興味深いことは、ルーマンの言葉のなかに、法の実定性が自覚された時代が、国家と社会との分離が鮮明になった時代であるという指摘があることである。国家と社会の分離の把握というならば、それは、まさにヘーゲルの『法の哲学』の輝かしい成果に他ならない。それが、社会をシステムの側面から捉える現代の理論と繋がる。それにしてもルーマンとヘーゲルという歴史的前提を大きく異にしている二人の国家学の理論がこのような形で接触する一点を持つというのは、興味深い事柄である。ヘーゲル『法の

哲学』の可能性を示す一例とみなすべきであろう。

C. 法の歴史的性格

ことあるごとに歴史過程の重要性を説くヘーゲルのことであるのだから、彼の哲学が歴史的相対主義の立場に立つ法実証主義に重なる側面を持つということは理解できることではある。ヘーゲルは、初期の段階から自然法に対しては批判的立場を取っていた。自然法論者によって自然権の内容とされているものは、限定された経験的事実でしかないものを自然によって与えられた人間の永遠の本質であるとみなす誤りを犯しているというのがその理由である。それに代わって、法は、それだけで切り離して抽象的に考察してはならず、国民の性格や時代の性格を決定する他の要因、すなわち歴史的、自然的要因との相関関係のなかで考察しなければならないものだと主張するのである。

しかし、では『法の哲学』におけるヘーゲルが、完全に法実証主義の立場に立っていたかということになると、そうとも言い切れない所があるようである。まず『法の哲学』の副題に「自然法と国家学の要綱」という言葉を見ることができることに注意を向けるべきであろう。若き日に自然法を批判したヘーゲルではあったが、法哲学と言うからには自然法へのこだわりは払拭できなかったということか。いずれにせよ、ヘーゲルの法の捉え方に、これを時、所によって変化するものとみなす相対主義的な側面がつきまとっている反面、変わらざる正義としての法を追求するという側面も消え去っていなかったということなのである。

ヘーゲルと同時代のドイツの法学者、サヴィニー（1779-1861）は、歴史相対主義の立場を徹底させた学派の代表的人物であり、法を非歴史的理性によって解釈する企てに反対し、本来の法となるものをただ「慣習法」にのみ認める立場に立った。それは「歴史法学」と呼ばれ、歴史的相対主義の立場に立つという点では、ヘーゲルよりヘーゲル的とも見えるかもしれないが、伝統と国民的遺産に執着する保守主義的性格を色濃く残す考え方にしたがう立場であり、ヘーゲルは、このサヴィニーの法学理論を厳しく批判していた。あくまでも彼の立場は、理性に忠実な立場、啓蒙の立場だったということになるのだ。

　ところで、ヘーゲルによる歴史的発展の理論の鍵となる言葉について考えてみよう。それは、「即自的（an sich）」、「対自的（für sich）」、「即自かつ対自的（an und für sich）」という三つからなる用語のセットである。「即自的」が潜在的という段階（自体的とも訳される）、「対自的」がそれが自覚化された段階（向自的とも訳される）、「即自的かつ対自的」が完成された最終段階である。これを法学理論に適用すると、最終段階の完成された法は、歴史的変遷を経て達成された「即自的かつ対自的」な法ということになりそうである。しかし、そのような法は初めから自明のものとして私たちに与えられてはおらず、変化、発展を通じて初めて形成され、かつ明らかになるものと考えられている。その点では、自然法的な普遍的正義（つまり、「即自的」）の観点と、法実証主義の歴史的相対主義（「対自的」）の観点の双方を統合しよう（「即自かつ対自的」なものへ）とするのがヘーゲルの考え方であったと言えるのである。

　法と直結するとされる自由に関するヘーゲルの考え方も、この三つの用語からなる原則にしたがって展開される。

【自由の三段階】

（1）ヘーゲルは、自由の第一段階を、「即自的に自由なだけの意志」［11節］と規定している。これは生理的な衝動や欲望にしたがって勝手放題に行動することにほかならない。わかりやすそうに見えるが、自由といってもそれでは「直接的」意志、「自然的」意志の段階にあるものでしかないとヘーゲルは言う。たしかにこの生理的衝動の充足も生物としての人間にとって不可欠なものである。しかし、それにしたがっているだけでは、意志はただ自然の法則に支配されたものでしかなくなる。したがって、そこには、人間にふさわしい自由は存在しないということになる。

（2）自由の第二段階は、意志がこれら様々な衝動の間でどちらを取るかの決定を下すという形での自由である。それは、意志が個々の具体的衝動を超えて自分自身に立ち返るということを意味しており、その限り、他人とは違う自分自身というものが自覚される段階（対自的）である。普通には、自由というとこれが思い浮かべられるとヘーゲルも認める。しかし、彼は、これでもまだ真の自由とは言えず、「恣意」［15節］と呼ぶべき段階に留まっていると言い直す。恣意の原語はヴィルキュア（Willkür）という言葉であって、様々な欲求対象の間の選択の自由を意味するという。そこで「選択意志」と訳される言葉でもある。「自由」というものをこの「恣意」から画然と区別することは、ヘーゲルを含むドイツ観念論の特徴とも言えるものであり、そのことは、すでにカントの実践哲学においても認められることである。

（3）では、第3段階の自由、「即自かつ対自的」な自由というのはどのようなものなのか。まず、そこに到達するためには、恣意につきまとっていた衝動を純化しなければならないと言われる。しか

し、それは衝動の排除を意味しない。衝動の排除のような禁欲思想はヘーゲルにとって無縁である。そうではなく、この自由は、比較検討を重ねる反省によって衝動を「粗野で野蛮な状態から純化する」［20節］ことだという。それが「教養」に託される。「教養」の原語はビルドゥング（Bildung）という言葉であって、「形成」とか「陶冶」とも訳される。このビルドゥングを経て、意志は真の自由、「思惟する知性」［21節、注解］に到達するという。このあたりの用語法はヘーゲル独特のもので、注意を要する。というのも、ここでの「思惟する知性」とはたんに理論的な場面での知性に限定されるものではなく、実践を踏まえた上で自己の自由の自覚に達した意志のあり方を指す言葉だからである。ヘーゲルは、道徳的実践のみならず、労働を始めとする人間の行為一般というものに哲学の観点から深い反省を加えた哲学者であった。そこで、自由を論ずる場面でも、意志は現実のうちに自己自身を表現し、そこに自己を見出す営みを通じて自分が本当に自由な存在であるという自覚に達するというような捉え方がされるのである。したがって、「即自的かつ対自的」な自由というものは、たんに拘束されていないというだけの内容を欠いた自由であるわけではなく、ビルドゥングを通じて獲得されたもの、そのように自己を対象化してそこに自己自身を認めるというように、具体的内容を備えたものとして捉えられなければならないものということになる。

『法の哲学』は、以上のような意味での「自由」を主題として、三つの段階で展開される。第Ⅰ部「抽象法」では自由の問題は所有と法の場面で追究され、第Ⅱ部「道徳」では心の内面における動機の場面で追究され、第Ⅲ部「人倫」の段階に至って、家族、市民社会、国家という具体的な人間関係を通じて展開される。まず「抽

象法」の検討から始めることにしよう。

☞コラム
　ヘーゲルが自由を自分の哲学のモットーに掲げたことについては、懐疑的な見解もないわけではない。経済的、政治的次元での自由が、英米系政治思想におけるほど鮮明に主張されていないとみなされるからであろう。しかし、政治的、経済的に自由がまだ十分に行き渡っていなかった当時のドイツにおいてこそ、理想、観念の次元での自由への希求が大きなものであったことが指摘できよう。

第2部

ヘーゲル『法の哲学』

I.
抽象法

A. 所有

a. 所有と自由

　「抽象法」というのは、いわゆる法、法律のことを指す。法が自由と直結するものであるということは、すでに繰り返し述べた。しかし注意しなければならないのは、ヘーゲルが、法の段階では、まだ意志が「抽象的概念」[34節]のうちにある状態でしかないと決めつけていることである。そこでは、自由の問題が個人にとって外的なものでしかない法律という次元で問題にされるだけだから「抽象的」と呼ばれるのである。しかし『法の哲学』のなかでは、ここだけが普通の意味で法学的な内容が展開されていると言える所である。では、その自由は何を出発点としているのかというと、それは所有であるとヘーゲルは答える。

　　　法は、まず、第一に、自由が直接的な仕方で自己に与える直接的な定在、すなわち
　　（a）占有である。これは、自分のものという意味の所有である。[40節]

　何であろうと、物件を自らの手でつかみ取ること、つかみ取って手放さないこと、それが占有（Besitz）と呼ばれているものである

が、それこそが自由の端的なあり方であるという。占有は所有とも言われている。所有という言葉はドイツ語でアイゲントゥーム（Eigentum）という。アイゲン（eigen）は「自分の」という意味である。私たちが物件を所有するということのうちには、それによって自分の特定の欲求を満足させるためという側面が重要なこととしてあるであろうが、しかし、その前に、「自由の直接的な定在」という性格、自由が「直接的」に具体的な形を取って示されるという意味があって、それこそが重要だというのである。「直接的」という言葉の原語はウンミッテルバール（unmittelbar）である。「無媒介的」とも訳せる。その方がここではその意味を伝えていると言えよう。いずれにせよ、自由というものが、他のなにものかによって媒介されて分かるというのではない特質、その端的な現れが所有であるという特質が示されるのである。そして、所有に自由が結びつけられたことに対応して、所有する主体は「人格」と呼ばれる。人格はドイツ語ではペルゼーンリッヒカイト（Persönlichkeit）と言い、英語のpersonalityと同じく、もともとラテン語のペルソナ（persona）を語源にしている。ヘーゲルは、この言葉を、一般に考えられるように道徳的な意味にしたがってではなく、所有する個人という法学的概念として使っている。

　ところで、この所有する権利、所有権を有する人格は、自分と所有する物件との間の閉鎖的関係に閉じこもっているだけではない。他の人格との関係にも入っていかざるをえない。自分が所有を通じて自分の自由を自覚することができるというのと同じ権利を他の人格もまた持っているという事態に出会わざるをえないということである。そのようにして、お互いに相手の権利を認め合うということが実現されれば、所有の主体である人格は「普遍的人格」とし

て「法的能力」を持つ存在とみなされることになる。その際注目すべきことは、このような人格は、彼が人間一般であることを意味しているというだけのことであって、彼が具体的にはどのような個人、どのような顔つきをし、どのような生まれの人物であるか、ドイツ人なのか、イタリア人なのか、ユダヤ人なのか、カトリックなのか、プロテスタントなのか、親切な人間なのか、感じの悪い人物なのかなどに関わることではないとされることである☞。そのような形で、人格による所有は、「形式的」で「抽象的」なものとして法の基盤

☞コラム

この記述は、第3部、第2章「司法」[209節注解] において登場してくる。抽象法が所有を出発点とするものであることが、この司法の箇所の前提となっているが、所有権との関連で、人権一般に関する興味深い記述がされている。すなわち、所有権という観点に立てば、個人がどれ程の物件を所有しているかだけが問題なのであって、所有する主体である個人が、いかなる人種であり、いかなる宗教の信者であるかなどどうでもよいものであると言うのである。この記述は、人倫の最高段階を国家に求めたヘーゲルが、間接的ながらも、国家による人種差別、とりわけユダヤ人差別などを拒否していることを表現している記述内容とも言えそうである。さらに、このこととプラトンの『テアイテトス』における、イデアに憑かれた人にとっては、人種も、氏素性も、富財産もどうでもよいものになってしまうというソクラテスの言葉との類似性が興味深い。カール・ポッパーは、ここに、プラトンには珍しいコスモポリタニズムが示されていると指摘している。

註　三嶋輝夫「我らいまだ神に遠く」『思想』2004年1月号。55頁。
　　三嶋は、ここに、ポッパーとしては例外的なプラトン賛美の言葉を認めている。

をなすと言われる。そのような抽象性こそは、法の、とりわけ近代法の特徴をなすものということで、その考え方をヘーゲルも全面的に取り入れている。このような所にも、ヘーゲルの『法の哲学』が近代法の基本原則を前提としているものであることが示されていると言えよう。

次には、ヘーゲルの論述にしたがって、この所有の問題を、①人格としての個人における物件の所有、②所有物の人格同士の間での移行を可能にする「契約」、③「契約」を支える法秩序に反する違法行為、すなわち「不法」の順序で検討することにしよう。

b. 人格と所有

【自己の肉体の所有】

所有ということで、まず第一に思い浮かぶものは、私たち一人一人による自らの肉体の所有である。ただ、肉体の所有がまず最も手近な所有の例であるとはいえ、それ以外の物件の所有とは大きく異なるものであることも事実である。たしかに私の肉体には、物件同様に私の意志にしたがって所有されるという側面がある。だから、良し悪しはともかく、自分の肉体を傷つけることも、極端な場合、自殺することも可能となるのである［47節］。しかし、私は、肉体のうちに生きている存在、肉体のお陰で生きている存在でもある。肉体と心とは不可分なものなのである。自由が心の問題だといっても、肉体が囚われの状態にあっては自由などとはとても言えないし、また、自分の肉体だからといって、勝手に扱って良いというものではないという気持ちは誰の心にもあることだろう。これは、自殺や不摂生などへの諌めといった古来続いてきた問題であるだけではな

く、臓器移植が問題とされる現代においてこそ、改めて注目すべきこととなっていると言えるであろう(とは言え、この問題に対するヘーゲルの答えも、肉体は単なる所有物でもあれば、そうとも言い切れない所もあるというようなものなのだから、言ってみれば煮え切らない、常識的なものに終始しているという所はある。しかし、この常識性を深めていく所にこそ、彼の思想の最大の特徴があると言えるのであろう)。

c. 所有権の確立と時効

次には、この肉体を介して人格が物件を占有取得すること、それによって所有権が確立されることについてである。所有権が成立する際の契機としてあげられることとしては、まず、何かしらの物件がたまたま最初にそれを手にした者に属するという、早い者勝ちの方式が考えられる。次には、その物件に標識をつけるとか、自分で手を加えて自分の思い通りの形に変形するといった契機もつけ加えられるであろう。しかし、何よりも重要なことは、所有する人格の意志というものが所有の根拠をなしているということである。そのことは、物件の所有と物件の使用との関係の考察という場面で注目すべき段階に達する[10]。

---

10 ヘーゲルはこの使用と所有の関係の叙述の箇所で、使用される物件について、興味深い指摘を行っている。引用してみよう。「使用される物件は、質と量の両面で規定された個別的な物件であり、そして特定の需要との関係のうちに立っている。しかし物件の特定の有用性は、同時に量的に規定されたものとして、同じく有用性をもつ他の物件と比較可能である。……」[63節]。このようにある物件を見るにあたって、質の観点すなわ

ある物件を所有しているということは、その所有者が自分の意向でその物件をいかようにも使用することが許されているということを意味する。ヘーゲルが考える近代の自由な所有においては、使用者はすなわち所有者でなければならない。しかし、過去の権威による封土の所有といったことはいまだに行われている。そうなれば、使用者と所有者とが別人だということもあることになる。農民が地主から土地を借りて、耕作し、農作物を年貢として地主に捧げるといった場合の農民と地主との関係がその例である。その際、名義上の所有者と実際の使用者との間では、深刻な係争が生じる可能性がある。その所有と使用との確執との関連のなかで、ヘーゲルは「時効」という概念を導入するのである。

　　　占有に与えられた形式と、標識とは、それだけでは外面的
　　　状態であり、意志の主観的現存を欠いている。主観的な意志
　　　の現存だけが、これらの形式と標識の意義と価値とをなして

　　ち需要の観点から見る見方と、量すなわち比較する際の価値の観点から
　　見る見方の二つがあると言う。この洞察を踏まえて、経済学の問題に斬
　　新な光を当てようとすると、それは、マルクスの使用価値、交換価値の
　　概念を予告するものとなる。『資本論』から引用してみよう。「ある物の
　　有用性は、その物を使用価値たらしめる。しかしその有用性は空中に浮
　　遊していない。それは商品体の属性によって条件づけられており、商品
　　体なしには現存在しない。……使用価値は、われわれによって考察され
　　るべき社会形態においては、同時に交換価値の質料的担い手となる。交
　　換価値は、さしあたりは、ある種類の使用価値が他の種類の使用価値と
　　交換される量的関係すなわち比率、時と所によって変動する関係として
　　現象する。だから、交換価値は、何か純粋で相対的なものに見え、した
　　がって、商品に内的な、内在的な価値というのは形容矛盾のように見え
　　る」〔マルクス、長谷部文雄訳『資本論』第一巻、1.1.1.〕。

I. 抽象法

いる。しかし、使用であれ、利用であれ、あるいは意志のそれ以外の表明であれ、この主観的な意志の現存は時間に属する。そしてこの時間という観点から見れば客観性というものは、この表明の持続である。この表明の持続なしには、物件は意志と占有の現実性から見放されたものとして無主物となる。それゆえに、私は時効によって所有を失ったり、あるいは獲得したりするのである。[64節]

　ある物件に対して自分の所有権を主張するために標識をつけておいたとしても、それだけでは外面的なものでしかない。肝腎なことは、この物件が自分のものだと主張する「主観的な意志の現存」がそこに注入されていなければならないことである。ある物件を自分で現に使っているとか、利用しているとかだと話はすっきりするが、そうでない場合には、言葉で主張するといった形でも自分の所有権を表明し続けなければ駄目だということになる。そのように、これは私のものだという意志を表明し続けていなければ、その物件は持ち主のいない無主物と化し、それを横取りして勝手に使用する別の人の所有物になってしまう。意志を表明し続けている持続の時間の長さこそ大事な要件であって、表明を怠っている時間が長くなると元の所有者の所有権の方が危なくなる。まさに時効だというわけである。物件に投入される主観的な意志の現存というものは、所有の意志表示がされたか否かにかかっているのであり、客観的なものとしての所有権を支えるものは、意志を表明する時間の長さなのである。

　一般には、時効というものは司法業務の能率化のために一定期間を過ぎた法的権利、法的義務を消滅させることというほどに解され

ているであろう。殺人を犯しても15年も逃げていれば帳消しになるといった悪評高い時効もその例であったかもしれない。それに対して、ヘーゲルは、時効問題を法の根源をなす所有権の規定に遡って考察し、所有権を支える要の位置に所有物に対する個人の意志とその意志の表明の時間という契機を浮上させて説明しようとしているのである☞。時効はローマ法以来のものであるとしても、時効概念を欠いて、伝統的権威が幅を利かせるようでは、合理的商取引や契約関係によって成り立つ資本主義経済などの存立も不可能なこととなるであろう。そうであってみれば、このような時効の捉え方に、ヘーゲルによるいかにも近代法にふさわしい法理解の性格を読み取ることは可能であろうし、抽象的な権利関係の背後に存在する具体的な意志の存在の理解を読み取ることも可能になってくるであろう。

☞コラム

> 時効との関連で、ヘーゲルは、当時トルコの支配下にあったギリシアやエジプトの芸術作品について論じている。そこで彼は、それらの傑作も、それを創作した人々の子孫によって打ち捨てられ、過去の栄光に満ちた民族の魂のこもらぬものとなってしまった現在では、無主物となり、「偶然的な私的占有物」として取引されるのも止むをえないという見解を示している［64節注解］。当時、イギリスのエルギン卿がアテネのパルテノン神殿から、大量の彫刻を引きはがしてイギリスに持ってきてしまったことが物議を醸していた。今日でもギリシア政府は大英博物館をかざるそれらの作品の返還を要求しているが、同様の事情はアジアの諸地域でも見られる。それを思えば、イスラム過激派による古代遺跡破壊を世界が目の当たりにさせられている今日において、改めて新鮮な話題であると言えよう。

I. 抽象法

d. 所有の放棄

すでに見たように意志の自由が所有の源泉をなすというのならば、この所有を放棄することもまた同じ意志の自由にもとづいてのこととなるだろう。否、むしろ、物件に関する所有権を放棄すること、それによって私に属していた物件を無主物にするなり、他人の占有に委ねることの方が、物件を超越する度合いが増すのだから物件の占有取得の場合よりも多く自由意志が表明されているということになるというのが、ヘーゲルの見解である。そこで、「放棄は真の占有獲得である」［65節補遺］というような一見逆説的な言葉も語られることになる。この所有の放棄ということは、譲渡される物件をめぐって他の人格との緊密な関係を作り出すという側面も持っている。物件が譲渡される際には、それをめぐって合意に基づく契約が結ばれなければならない。これに関し、ヘーゲルは、

　　　契約は、契約を締結した者達が相互に人格として所有者として承認し合うことを前提とする。［71節注解］

と言う。法関係を支えるものが、独立した人格同士の承認（アンエアケンネン〔anerkennen〕）関係であるという考え方が明確に打ち出されているのである。

「承認」概念は、ヘーゲルにとってイエナ期という初期の段階から重要な概念である。『精神現象学』では、いわゆる、主人と奴隷の自立をめぐる弁証法の場面で登場する。常に、個人ではなく、全体というものを出発点とするかに見えるヘーゲルの社会哲学であるが、それとは異なり自立した個人というものを出発点とする思想も

ないわけではない。その個人相互の自由意志に基づいて共同体を形成する理論として、相互承認の概念が存在する。そのような自立した個人が相互の承認関係を結ぶことを通じて社会が形成される、少なくとも形成されねばならない。そのような理論への願望から、相互承認の理論が持てはやされたのである。たとえば、ユルゲン・ハバーマス[11]に見られる、ヘーゲルの承認論の導入を拠点とした革新的理論の展開もその例と見ることができるであろう。それによって全体主義的ヘーゲル解釈からの解放が図られるのである。

e. 不法

このように、相互承認を介した合法的関係が成立すれば、そこには、この合法的関係から逸脱する「不法」もまた生ずるであろうというのがヘーゲル一流の考え方である。彼は、不法について、意志が「即自的かつ対自的に存在する意志」[21節注解]とは異なるものとなることであると定義している。すなわち、「不法」というものを、意志が法の基盤となるにふさわしい本来のあり方を止めて、それに対立する「特殊的意志」に走ってしまうことに由来するものと定義する。個人の心のなかでの意志の両側面の対立の問題と見るのである。

この「不法」のうちには、不法行為を犯す当事者が明白な犯意をもって他人の所有権を侵害してしまうような犯罪行為がある。それ

---

11 アドルノ、ホルクハイマー等によって創設されたフランクフルト社会科学研究所を継ぐ第二世代の哲学者。コミュニケーション理論をかかげ、戦後の西ドイツの哲学会に大きな影響を与えた。

についてのヘーゲルの解釈は次のようなものである。所有というものは、本来、個人がそれを通じて自由を獲得するという性格のものである。したがって、ある個人が犯罪によって他人の所有権を侵害するということは、その被害者の権利を侵害するということに留まるものではなく、じつは犯罪者自身のものでもあるはずの所有権一般を否定することになる。それは、つまり自分自身の侵害をも意味する。そのように、犯罪というものは、犯罪者の内面における自己矛盾を意味するものである。そこで、この犯罪に加えられる刑罰は、犯罪者からその自己矛盾を取り除くという意義を持つものでなければならないというのである。

f. 刑罰

　刑罰の本質については、ヘーゲルの時代にも、すでに、予防理論、懲戒理論、威嚇理論、矯正理論等の今日にまで続く根拠づけの方式があった。これらは多くの場合、刑罰を社会の防衛という効用の観点から見ているのであるが、ヘーゲルはそのような考え方を拒絶する。社会の防衛という観点では、自由な存在としての人間を前提とする刑罰に関する正義が見失われるというのである。そうではなく、刑罰として犯罪者に加えられる侵害は、じつは、自由な存在であるはずの犯罪者自身が意志していることである。刑罰を受けるということは犯罪者の義務であるだけではなく、権利の実現でもあるはずだ。なぜなら犯罪者自身を、所有権を持つ自由な存在として尊重すればこそ、彼に刑罰が課せられるもするからという理屈なのである。刑罰にこのような規定がなされるのであるから、刑罰は単なる個人的な復讐の類であってはならない。犯罪によって侵害された即自か

つ対自的な正義の回復という普遍的な意味を持つものでなければならないというわけである。

　この理想主義的観点は、刑罰の性質についての考察にも及ぶ。法の侵害といっても質の差もあれば程度の差もある。それに応じて、古代においては、「目には目を、歯には歯を」式の刑罰、すなわち犯罪と同質の刑罰が要求されるということもあった。しかし、近代においては、刑罰は禁固の期間や罰金の額という数量化された尺度に照らして課せられるものとなっている。これの意味することについて、ヘーゲルは、近代では、犯罪というものを被害者に対する個々の特殊的侵害などではなく、法に対する侵害一般として捉えるようになっているから、それに対する刑罰も個別的復讐という形態を脱しなければならないからだと答えている。刑罰が数量化された形で与えられるというのはいかにも近代的なもの、それも、損得勘定で一切を割り切る近代的特徴を示すもののように見える。しかし、それが一瞬、ドイツ観念論的な理想主義と重なり合う所が興味深い。

　そのヘーゲルも殺人に関しては別の見解を持っており、被害者の自由の基盤そのものを奪ってしまうこの犯罪の特殊性にしたがい、死刑の適用を要求している。18世紀にはイタリアの法学者チェザーレ・ベッカリア（1738-1794）によって死刑廃止論が主張された。それは、当時の神聖ローマ皇帝や国王のなかにもそれへの賛同者を見出せる程、影響力があった。ヘーゲルは死刑廃止論には同調しなかったが、ベッカリアの主張によって死刑判決についてより慎重な反省が加えられるようになり、冤罪による処刑が減ったことに対しては評価している。

　以上の「抽象法」についてのヘーゲルの見解には、ヘーゲルがいわばアマチュアの目をもって法に挑んでいるという側面は認められ

る。しかし、それ故にこそ普通の法学者にはありえないような新鮮な観点、人間の立場に立って法を検討してみるような観点が示されているとも言えよう。そこに、『法の哲学』独自の価値というものを見ることもできよう。

II.
道徳

A. 道徳と自由

【道徳と主観】

　三部からできている『法の哲学』の第2部は、「道徳（Moralität〔モラリテート〕）」と名づけられている部分である。第1部の「抽象法」は、まず個人というものはどのような権利を持ち、どのような義務を負っているのかということを「法学」の問題として論じた箇所であった。その際、法にもとづく権利、義務は、個人の心の有りようを詮索するのとは異なった次元で、さし当り、外的な規則という次元で考えられていた。それは、「所有」を出発点としていることにも深く結びついていることである。しかし、人間の行為は、外に現れたものだけでは判定し難いものを含んでいる。同じ犯罪、同じ不法行為が行われた場合でも、犯罪者の外に現れた行為だけではなく、行為を起こす際の意志に遡って、どのような動機でその行為が行われたか、まったく利己的な動機によるものか、それとも止むをえない動機によるものなのかを詮索する必要というものはあるはずである。この、行為者の動機と意志を問い、行為者の責任を内面の問題として追求することこそ「道徳」の主題に他ならない。

　ヘーゲルは、道徳の立場を定義するにあたって、「対自的にも無限」［105節］とか「対自的に自由」［107節］、あるいは「意志のこのような自己内への反省」［105節］という言葉遣いをしている。「対

自的」というのが「自覚された」という意味を持つということは、すでに見た通りである。また「反省」という言葉はレフレクション（Reflexion）という言葉の訳語である。もともとReflexionは光の反射を意味する言葉であるが、それが心の作用を意味する言葉に転用され、外の世界に向けられていた私たちの目を内面へと向け直し、それによって自分自身を自覚するというという意味が与えられたのである。このような段階の個人は、「抽象法」での「人格」とは異なって、「主観（Subjekt）」あるいは「主観性（Subjektivität）」と呼ばれる。道徳という内面の動機を問うということは、この「主観」なり「主観性」について問うということに他ならないのである。

この「主観」という言葉には、二通りの内容が考えられる。一方は、私が私であるという自覚を意味する。私が何ものによっても限定されていない自由な存在であるという自覚を持つ側面、まさに「主体的」という側面がこれであり、当然、肯定的な意味を持つ。しかし、他方では、この「主観」という言葉には、たんに独りよがりのという意味がある。まさに「主観的」に過ぎないという否定的側面も含まれているということである。ヘーゲルが、「主観」について「即自的に存在する意志からは区別されている」［106節］という言い方をする時には、その否定的側面が思い描かれてのことであろう。このような「主観」の二重性を踏まえた上で、ヘーゲルの道徳論は展開されている。

ところで、この主観は自由という概念と固く結びつけられているのであるが、同時に自由が、当為や義務と固く結ばれていることにも注目すべきであろう。

【カント倫理学における当為と自律】

「当為」という言葉のドイツ語はsollenという助動詞である。「…すべし」「…すべきである」といった意味を与える言葉であり、この概念を自由というものと直結させたのがヘーゲルの先輩にあたるカントの倫理学である。ヘーゲルの『法の哲学』「道徳」の箇所は、カントの倫理学が強く意識されている箇所である。

カントによれば、自由意志にしたがって行為するということは、私たちが欲求にしたがって勝手気ままをすることとは違う。それでは、ただ生理的欲求に従属しているだけの行為、すなわち自然の因果性に屈服しているだけの行為でしかない。だから、逆に、自由意志が発揮されていない状態だということになる。

たしかにカントは、私たち人間が一方では生理的欲求をもった感性的存在であることを認めている。しかし、他方で、人間は理性的な存在でもあるという。ということは、すべての理性をもった存在の目に正しいこととして通用する行為が何であるのか、そのような普遍的実践規則を知っている存在でもあるということである。この普遍的実践規則が道徳法則と呼ばれるものである。そして、これにふさわしく行為するということは、感性的存在でもある私たちにとっては、少々無理をしてすること、すなわち当為、義務として意識されるほかないというのである。

しかし、義務といっても、それは他から強制された義務といったものではない。自分の理性——これをカントは「実践理性」と呼んでいる——が自分自身に与える義務に他ならないのである。自分が自分に与える義務であるから、そこにこそ人間の自由、自律が認められるということになる。そこで、道徳法則は、カントによって次のような定言命令という命令の形を取って示されるのである。

君の意志の格率が、常に、同時に、普遍的立法の原理として妥当することができるように行為しなさい。[12]

　ここで格率といわれているものは、個々人が自分で決定する意志の原則のことである。誰でも、意志決定するからには何らかの原則に則(のっと)ってしているはずであるが、その原則がどういうものかというと、それは普遍的なものでなければならないという。すなわち、それは自分にだけ都合の良いものであれば良いというのではなく、理性を持った存在すべての目に正しいと認められるような客観的なものでなければならないということなのである。ただ、ここでは、この普遍的立法が具体的に何であるかということは語られていない。たとえば『旧約聖書』のモーゼの十戒なら、なんじ殺すなかれとか、盗むなかれ、姦淫するなかれと、命令の内容ははっきりとしているのであるが、そのような具体的な形で命令が示されているわけではない。何が正しく何が悪いかは、各自が自分で突き止めることだというわけであろう。そのあたりが、カントにおいて道徳法則が自由意志と結びついているということの現れであろう。ヘーゲルは、そのようなカントの倫理学を、一方では内面の自由という西洋近代精神を体現するものであるといって高く評価するのであるが、他方ではその主観性ゆえに批判もしている。その批判の内容が、『法の哲学』の「道徳」の内容となっていて、それがi.「故意」、ii.「意図」、iii.「良心」の三段階から成っているものに他ならない。

12　Kant, Immanuel, *Kritik der Praktischen Vernunft*, 103.

B. 道徳の三段階

i. 故意

　第一番目の、故意と名付けられたものから始めよう。私たちが意志を持つということは、私たちが何か具体的な対象に向かって働きかけることである。そのような具体的対象のことをヘーゲル哲学の用語では定在という。その定在に私たちは、自分の行為を通じて何らかの変化を加えようとするのである。当然その変化に対して、私たちは「責任」があると言うことができる。「責任」のドイツ語はSchuldという言葉である。schuld habenは、倫理的な意味も持つ言葉であるが、ただ原因になるという意味で使われる言葉でもある。schuld habenが出てくるヘーゲルの文章を引用してみよう。

> しかし、意志の法は、行い（Tat）の諸前提のなかで自己の目的のなかにあるものとして知っているもの、意志の・故・意（Vorsatz）のうちにあったものだけを、自己の行いにおいて、自己の行為として承認し、それだけに責任を負う（schuld haben）ということである。［117節］

　ギリシア神話に登場するオイディプスは、そうとは知らずに喧嘩で父を殺し、母と婚姻関係を持った。神話では、オイディプスは父殺しと近親相姦の両方の罪に問われているのであるが、近代では違うというのがヘーゲルの解釈であろう。というのも、古代においては犯罪に関して故意（Vorsatz）か否か、どこまで当人の明瞭な意

志に基づいたものか否か、について厳密に突き止めるという考え方がまだ十分に確立していなかった。ということは、主観性や責任についての考え方が明確な形で確立していなかったということである。そこで、オイディプスは罪に問われたということになる。

　さらに、このこととの関連で、ヘーゲルは、行為の結果がどうなるかは外的事情に委ねられるということがあるから、結果が初めの意志通りにはゆかないという場合があるということについても考察している。個人の行為の結果のうちで何が偶然で何が必然かは容易に定めがたい。この、個人の差し当たりの意志、すなわち故意とは別に行為に与えられる普遍的連関について問うのが、次の、「意図」を問う場面である。

ii. 意図

　私たちの行為の結果が、行為者の故意を超えて、思いも及ばない広範囲にわたる影響を与えてしまうことについて、ヘーゲルは、「・個・別・的・な・も・のの真理は普・遍・的・な・も・のである」［119節］という表現すら与えている。

　放火を例に取ってみよう。ある人が建物の木材のある部分に火をつけたとする。それによって火災が発生したという場合、その人は、自分はただ木材の一部分に火をつけたかっただけで、建物全体を燃やそうなどとは思っていなかったと言い抜けを図るかもしれない。しかし結果は、火は燃え広がり、建物全体を灰にし、さらに住人の命さえ奪ってしまうことになっているかもしれない。故意というレヴェルに立つ限り、その人は木材の一部分に火をつけるつもりでしかなかったと言い張るかもしれないが、それでは、通用しないこと

は明らかで、どこへでも火をつければとんでもない結果になるということぐらい大人なら見通せることであり、その人は火災全体に責任があるはずである。

　それが、行為者の「意図（Absicht）」を問う段階だとヘーゲルは言う。さし当りの行為の動機だけではなく、結果に対する配慮がどうであったかも問いただされるということである。結果となれば、災いだけではなく、どのような利益がもたらされたかも含まれる。「意図」は「利福（Wohl）」、すなわち行為の結果の損得とセットの形で論じられるものであるということになる。行為の動機を追求することは、行為者の結果に対する責任の自覚のあるなしに及ばねば十分とは言えないということである。その責任は、個別的行為を超えた普遍的連関についての知識を問題とするものであるために、子供や知的障害者、精神障害者には負わされないものとされるかも知れない。しかし、それ以外の人々、一人前の大人とみなされた人々にとっては、このような責任は免れないのである。

iii. 良心

　道徳の場面は、私たちが、何が善であるかを知るということが問題となる場面である。行為の善悪の判定には、自分の心に聞いてみて、これが善くて、あれが悪いということを納得し、その知識にしたがって判定を下すということが不可欠である。この何が善く何が悪いかを自分の心に問いただして知ることが、道徳の最後の場面、「良心」の次元でのことである。

　ドイツ語で「良心」という言葉は、Gewissen（ゲヴィッセン）である。wissen（ヴィッセン）という言葉は「知る」という意味の言

葉であるから、この「良心」も「知る」ことと深く関わっているというのがヘーゲルの見解である。この考え方は、日本語の「天知る、地知る、己(おのれ)知る」のなかの「知る」という言葉の使い方を考えれば分かりやすいであろう。ただ、ここでは、最後の「己(おのれ)知る」が突出しているのだが。ヘーゲルは、この「良心」を、何が善であるかを自分が知っていると確信することだと言う。そこで、良心は、自分自身についての「絶対的確信」［136節］というものだと言われる。

そのようなわけで、一方では、良心は、手を触れることが冒瀆となるような「神聖不可侵の聖域」である。しかし、ここに良心のもつ問題点もある。すなわち、この良心が即自かつ対自的に善なるものを意欲するものであるにしても、それは、あくまでも自己に対する確信という次元でのことである。私たちが良心にかけて善であると確信したものであっても、それが客観的世界における善と一致するか否かは保証の沙汰ではない。良心にかけて行ったと称する行為が、容易にドン・キホーテ的独善に陥るということだって起こりうる。良心が悪へと転落する可能性もあるということをヘーゲルは次のように語っている。

> 良心は、端的に形式的な主観性として、一挙に悪に転落する跳躍台に立っている。自分だけで存在し、自分だけで知り、自分だけで決定する自己確信のうちに、道徳と悪の二つが共通の根をもっているのである。［139節注解］

善を支える極みと見えるものが悪の起源でもあるという逆説は、いかにもヘーゲル的な――弁証法的な――考え方である。ヘーゲルの同時代に例を求めてみれば、自由・平等・博愛の旗印のもとで血

で血を洗うといった殺戮の道を辿ったフランス革命とそれに続く恐怖政治の歴史のことが想い出されるであろう。政治イデオロギーや宗教的狂信の引き起こす惨劇の例は今日でもこと欠くことはない。そこで、ヘーゲルは、倫理の問題を、個人の内面の動機の純粋さという次元では解決できない、客観的な結果についての知も問題となるものとして追究しようとする。そこから、ヘーゲル独自の概念である「人倫」の次元への上昇が認められるのである。

III.
人倫

【道徳から人倫へ】

　主観的な決断の問題を扱うのが「道徳」であったが、倫理の問題は、主観的決断の次元では最終的解決を見ることができず、客観的な制度や組織の次元すなわち「人倫」の次元に引き移される必要があった。

【人倫】

　カントの倫理学が「道徳」の次元に終始したのに対し、ヘーゲルは、その基盤に据えられた自由意志と自己決定の原理が肥大したときの危険性も洞察するという立場に立っていた。そして、「道徳」に対抗するものとして掲げたのが「人倫」という概念であった。人倫はドイツ語のSittlichkeit（ジットリッヒカイト）という言葉の訳語であるが、この語を形成するSitteの部分には風俗や習俗という意味もある。ここからも分かるように、倫理の問題をただ実践に臨んでの、個人の主観性の内部での決断の問題として扱うのではなく、人間同士の現実的、具体的関係という観点からも追及しようとするのがヘーゲルの特徴であった。とは言え、人倫も徳に関する問題ではあって、決してたんなる社会システムといった制度の次元で終わるものではない。社会のシステムを外的形式としてのみ把握するのではなく、内的な倫理としても把握するということが必要となってくるのである。以下で、その観点から人倫の問題が扱われるが、そ

れは、i. 家族、ii. 市民社会、iii. 国家の三段階からなっている。最初は「家族」である。

A. 家族

a. 婚姻

【性愛と婚姻】

「家族」というものは、まず男と女の間の性愛関係から始まる。そこから子供がうまれ、それを一人前にまで養育するという段階がある。その点では人間が動物と共有する「直接的」で「自然的」な関係と言うべきものである。その意味で、まさに自己決定の主体である以前の「生き物」としての人間の条件にしたがう関係に他ならない。もちろんヘーゲルもその点を重視するのであるが、それだけではなく、家族関係が、男女両性が精神を持つ主体として、自らの決断によって形成するものであることにも注目する。この自然的と人倫的との両側面を併せ持つ中間に「愛」という感情が介在するというのである。

まず、家族関係の出発点の所にある婚姻における「愛」について検討しよう。婚姻は、男女の性衝動による「愛」を出発点とするものである。しかし、同時に人間社会での「婚姻」は、この性衝動を人倫的なもの、「精神的で、自己意識的な愛」[161節]に高めるものだという。あくまでも、個人の自由意志を重んじたカントの場合には、婚姻に関する定義もそれにしたがう独特なものであった。カントによると、婚姻は、両性による相互の生殖器および性的能力の相互使用に関する「契約」にもとづくものであると定義されたのであ

る☙。それに対して、ヘーゲルは激しく反発している。婚姻を支えるのは、あくまでも愛の感情であるはずだ。この愛の感情は、私と他者との統一を意識させるものであり、愛において私は自分というものを捨てて、他者と一体となる。そして、その他者との一体化のうちで、かえって自分についての自覚を獲得するというのである。そこで、両性の出会いについては次のように語っている。

　　婚姻の主観的な出発点としては、ある場合には、この関係のうちに入ろうとする両人格の特殊な愛好、またある場合には、両親の配慮や準備などの方が表面に現われうる。しかし客観的な出発点は、二人の人格の自由な同意であり、とくに

☞コラム

『倫理の形而上学（Metaphysik der Sitten）』第一部「法論」（一般には「法哲学」と呼ばれている）におけるカントの考え方によれば、婚姻関係は、物件の所有の側面と個人間の契約関係の側面との両側面を持つものである。婚姻を民法上の契約とするカントの考え方は、強力な一貫性を持っている。カントは、ルター派の教義にしたがって離婚を認める立場に立っているが、その離婚理由として、結婚したにもかかわらず、性交渉がなかったという場合をあげている。もっとも、初めは性交渉があったけれど、後になってなくなったという場合は離婚理由にならないとしているが。ここに、カントの道徳法則が、宗教的禁欲主義とは無縁のものであることが示されていると言えるであろう。実践理性の声が感性的欲求の声より優先されなければならない理由は、自分が欲求を持っているのと同じく、他者も欲求を持っており、それを充足させる権利も持っているということである。そのことを教えてくれるのは感性的欲求の声ではなく、実践理性の声であるということなのである。

一体となって一人格を形作り、二人のもつ自然的にして個別的な人格性をこの統一のうちで廃棄しようとする同意である。この観点に従えば、この統一は、自己制約であるが、しかしそれによって二人が彼らの実体的な自己意識を獲得するのであるから、彼らの解放でさえある。[162節]

　ここで主観的出発点と言われているものは、結婚にまで至った男女の出会いが具体的にはどうであったかを指し、客観的出発点と言われているものは、結婚のそもそもの使命を指している。男女が婚姻関係に入るにあたり、出発点となるのが両者の「特殊的愛好」であるというのは、恋愛結婚の場合を指しているであろうし、両親の「配慮や準備」云々というのは見合い結婚であろうが、いずれにしても、ヘーゲルは、それは婚姻の主観的側面をなすに過ぎず、婚姻の真実相をなす客観的側面は、男女両性が、互いに独立した人格であることを捨てて、一つの人格となるように自由意志に基づいて決断することにつきるというのである。

　若き日はともかく、成人して以降は、ヘーゲルは、むしろ見合い結婚の方を人倫的と考えるような人であった——両性間の愛好などは、結婚しようという決意をした後に湧いてくるというので良いとして片づけている［162節］——が、他方では、婚姻関係はあくまでも「二人の人格の自由な同意」を出発点とすべきであって、親が強制する政略結婚の類に対しては、しばしば残酷な結果を生むからという理由をあげて明確に否定的態度を示している。

【結婚式】
　さらに、この婚姻関係の出発点にある結婚式について、ヘーゲル

が次のように語っているのが注目される。ヘーゲルによると、婚姻は「法的に人倫的な愛」［161節補遺］でなければならないという理由から、男女の性的結合に先立ってしかるべき儀式が必要であるという。この儀式は、何も、教会で司祭の前であげる必要があるとか、一族、知人を集めて盛大に行われる必要があるいったものではない。当事者が、自分たちが婚姻関係を結ぶことを言葉によって明らかにし、これを家族や地方公共団体が受け入れてくれれば良いというのである［164節］。儀式といっても、言葉だけというのでは、余りにもささやかに見えるかもしれないが、人間の精神の表出されたものである言葉が何よりも重要なのだという考え方には、聞くべきものがあることは言うまでもないだろう。そして、この人倫的な儀式を行うことは、それによって「婚姻」が「内縁」関係から峻別されることになるという点で決定的な分岐点となることだという。同じ性愛関係でも、内縁関係においては自然的衝動——男女間の性的結びつき——が重きをなすが、正式の婚姻関係ではそれが制御されたものとなるというのが、ヘーゲルの理屈である。それと関連して、「婚姻関係にない場合には羞恥の感情を引き起こすような自然的なできごとについても、婚姻関係にある場合には赤面することなく語られる」［163節補遺］ようになるというような穿った ことも語られている。

　ヘーゲルは、プラトニックラブを過大評価するような感傷的な考え方に軽蔑を示していたが、婚姻関係のうちで性衝動に一定の抑制なり慎みが加えられる必要があるとも考えていた。しかも、そのような抑制や慎みの類も、すでに自然に即した「羞恥」［164節注解］のうちに含まれていたものが拡大されたものと考えていた。結婚式という儀式、このまったく形式的に見える儀式を通過することによ

って、自然的欲望に根差した性衝動が家族という人倫的な関係を構成するに至る。そのような理由で、婚姻関係においては、夫婦は相互に貞節の遵守を要求されはするが、同時にそれによってこそ両性にとっての「解放」をも意味すると言われていることが人倫的婚姻観らしい主張であると言えるであろう☞。

【人倫的婚姻とロマン主義】

このような結婚観は、今日では「何と古臭い」と見られるかもしれない。否、今日のみならず、当時の時代思潮の観点から見てもそうであったのかもしれない。時代は、ロマン主義の最盛期であり、

☞コラム

> 婚姻が自然の条件に即しつつ、たんなる自然性を克服したところに成立するという考え方の例として、ヘーゲルが近親結婚のタブーの問題に触れていることが興味深い。この近親婚をタブー視する問題について、ヘーゲルは、婚姻が、そもそも両性の「無限に固有な人格性の自由な献身」［168節］によって成立すると言う原理的問題に遡って論じている。この婚姻の原理に即せば、婚姻は、すでに十分親しんでいたり、血縁関係のような自然的関係という点で結びついている両性の間に結ばれてはならない関係であるとされる。そのことは、羞恥の感情が自ずと教えてくれることであるというのであるが、それだけではなく、動物の同一家族内の交尾が弱い仔を生むといった事実によっても明らかにされていることであるという理由もあげている。両性間の親しさは婚姻生活において始めて見出されなければならないというのである。そして、この一夫一婦制という婚姻形態が神話における神々や英雄による国家の創設の契機となっているという指摘［167節注解］も、日本における国産みの神話の例と重ね合わせてみて、改めて興味深い指摘であると言えよう。

III. 人倫

感性的自己の解放という主張がしきりにされていた。恋愛はその感性的自己の解放を代表するものであった。その時代の哲学者であり文学者でもあったフリードリッヒ・フォン・シュレーゲル（1772-1829）の『ルチンデ』（1799年）などはその代表例であったと言えよう。そのなかでは、真の愛は婚外性愛にしか存在しえないと主張されていた。なぜなら、婚姻関係にない二人の恋だけが世間のしがらみに縛られない純粋無垢の愛を貫ける場所だからだというのである。まさに自由恋愛礼賛の主張である。このシュレーゲルは世間の良識に背を向けた恋人達の愛に「夜への賛歌」という名を与えたが、この主題は、やがて19世紀半ばにはリヒャルト・ワグナー（1813-1883）の『トリスタンとイゾルデ』（1859年完成、1865年ミュンヘン初演）において絶頂に達することになることを考え合わせると興味深い。そもそも、西洋近代のオペラにおいて、性愛が主題とならなかった例などなかったということを思い出すべきであろう。それも、これらの舞台では、恋人達の「一目惚れ」の恋こそが神聖なものとして賛美され続けてきたのである。『ランメルムーアのルチア』、『イル・トロヴァトーレ』、『ローエングリン』等々と例はいくらでもあげられる。あたかも、一目惚れの恋への賛美は、西洋近代という一時代の文化的表現のエッセンスであるかのようだ。

　ヘーゲルの人倫的な結婚観が一応はこのような恋愛至上主義的思潮に対立するものであったことは否定できない。ロマン主義はヘーゲルのごく身近におこっていた文芸運動でもあった🔖。かえってそれ故に、ヘーゲルのロマン主義批判も厳しいものとなっていった。しかし、ここにはもっと熟慮すべきものもあるのではなかろうか。すなわち、ヘーゲルが、婚姻に人倫的性格を求め続け、放恣な恋愛の快楽を、それが伴わざるをえない「冷酷な要素」［162節］故に批

> **☞コラム**
>
> やがて、デンマークには、このヘーゲルに深く影響されながらも、これを鋭く批判して、自分の哲学を切り開いたセーレン・キルケゴール（1813-55）が登場する。彼の初期の力作である『あれかこれか』において、キルケゴールは、人間の実存を、美的実存、倫理的実存、宗教的実存に分けて、いかに人間が美的、倫理的実存の段階を経て、宗教的実存に到達するかを説いたが、そこの、とくに美的実存と倫理的実存とを対比させるところでは、ヘーゲルの婚姻論からの影響を鮮明にしている。もとより、キルケゴールの立場は、美的実存を倫理的実存によって克服し、次の宗教的実存にそなえるというものであったが、モーツァルト（1756-1791）のオペラ『ドン・ジョバンニ』について論ずる形で展開する彼の美的実存論は魅力あふれるものであって、そこに彼のなかのロマン主義的性格を読み取ることも可能である。

判したとしても、婚姻の出発点をあくまでも個人の愛に求めて、家の地位、財産、親族の意向や利害の類に求めなかったということでは、ヘーゲルのうちにも、明らかにロマン主義と軌を一にする近代的性格——個人の自由を基本に据える近代的性格——を見ることができるからである。『法の精神』のモンテスキューですら、彼の著書のなかでは庶子に対する扱いについて言及している。しかし、ヘーゲルの『法の哲学』においては、家族は、一夫一婦制——核家族の原則にしたがうものとしてのみ考察の対象となっている。したがって、家族は、親族共同体の側から考察されるというようにはなっていないのである。また、この婚姻関係はあくまでも愛を介して結ばれるものである以上、本来は（すなわち即自的には）解消してはならぬものであるとしても、感情の持つ不安定さという理由から、

III. 人倫

修復不可能なまでの破綻に陥ってしまう場合もある。その時には離婚しても良いとされている。そんな所にも、ある種の近代性を認めることができるであろう。同じキリスト教の教義でも、婚姻を七つの秘跡の一つに数えているカトリックに置いては、離婚は禁じられている。しかし、ルター派においては、離婚は認められていたのであるのだから、ここで離婚を容認するヘーゲルの結婚観がルター派のものであることは明らかであろう。

b. 男と女の性役割の相違

また、このような人倫的関係としての結婚という考え方にヘーゲルの結婚観の持つ二重性が良く見て取れるであろう。一方では、それは、婚姻が自然によって与えられた本能に深く根差すものであることを明らかにしている。しかし他方においては、人間が情欲の充足に関しても婚姻の儀式を通過することを必要不可欠とするような文化によって規制される動物でもあることも明らかにしている。このような自然と文化との交錯する関係への洞察というものは、ヘーゲルの家族論全体に貫かれているものと言えるが、それは、時には、次のような、男と女の自然的条件の対比を際立たせた文章として現れて、物議を醸すものとなっている。

> 一方の性［男］は、自己を、対自的に存在する人格的自立性と、自由な普遍性の知および意欲とへ分割するものとして、すなわち概念によって把握する思想の自己意識と、客観的な究極目的にむかう意欲へと分割するものとして精神的なものである。——他方の性［女］は、具体的な個別性と感情の形

式において実体的なものを知り、意欲するものとして、一体性のうちに身を保持する精神的なものである。——前者は、対外的関係において力強く活動的であり、後者は受動的で、主観的なものである。それゆえに、夫は、自己の現実的実体的生活を、国家や学問などにおいてもつとともに、またそのほかの外的世界および自己自身との闘争やそれらへの働きかけにおいてもち、したがって、自己との自立的な一体性を自己の分割からのみ戦い取るのである。その彼も、この一体性の静かな直観と感情的で主観的な人倫とを家族のうちにもつのではあるが。その家族のうちに妻は自己の実体的な使命をもち、ここでの崇敬の念のうちにその人倫的な志操をもつのである。[166節]

　フェミニズムやジェンダー論の隆盛の時代、悪しき男女の差別論の典型として攻撃目標になるためにあるような文章である。事実そのような例として持ち出されることもしばしばであった。ヘーゲルの言っていることを要約すれば、男に、概念、人格的自立性と普遍的知への分割、対外的活動における活動性、学問、国家等の概念が割り振られており、女に、具体性、個別性、感情、受動性、主観性、（宗教的）崇敬の念、家族等の言葉が割り振られているということがすぐに分かる。必ずしも分かり易い文章ではないとしても、ここに貫かれているものが、生物的条件が心情の構造を決定し、それが家庭内外での男女の役割を決定するように一直線に進むという考え方であるという位のことは、容易に読み取られるであろう。この考え方を補強するために、ヘーゲルはギリシア悲劇の『アンチゴネ』を引用している。この作品は、王族であるにもかかわらずポリスへ

の謀反人であったという理由から遺体を野に放置される憂き目にあった兄の亡骸を、自らの命をかけて埋葬しようとしたアンチゴネという女性を主人公とする物語をソフォクレスが劇化したものである。神話に由来するこの物語のなかに、ヘーゲルは、女性の持つ家族のなかでの特殊な役割、すなわち宗教的役割を見るのである。死亡した家族を埋葬する儀式を執り行うのは女の役割であり、それは、宗教的性格を持つがゆえに「神々の掟」にしたがうことである。それに対して、政治的支配の観点から謀反人の埋葬を禁ずることは男の役割であり、「人間の掟」にしたがうことである。この観点は、ヘーゲルの場合、家族論を超えて、男女観一般にまで広がっていく。

> 女性はたしかに良き教養を身につけることができるが、しかし普遍的なものが要求されるような、より高度の学問や哲学、ある種の芸術創造にふさわしくは作られていない。女性は思いつきや趣味や優雅さといったものはもち合わせているが、しかし観念的なものをもち合せてはいない。男性と女性との相違は、動物と植物との相違である。すなわち、動物はどちらかといえば男性に相応し、植物はどちらかといえば女性に相応している。というのは、女性はどちらかといえば感情の無規定的な一体性を原理とする静かな展開だからである。女性が統治の頂点に立つときには、国家は危機に陥る。というのは、女性は普遍性の要求に従って行為せず、偶然的な愛好や思いこみに従って行為するからである。［166節補遺］

このように女性が統治のトップに立った時の国家の危機とか、抽象的な学問は女性には向かず、「表象の醸しだす雰囲気」［166節補

遺〕を通して教養を身に着けることにしか向かないといったことへの言及がある[13]。そうなれば、過激なジェンダーならずとも、今日ではほとんど時代錯誤とでも言うべき反動性をここに嗅ぎつけるのも止むなしということになりそうである。

　しかし、ここで忘れてはならないことは、ヘーゲルが、人間社会のことを考えるに当たって、性や誕生や死という人間における自然、人為によっては、また自己決定の原則だけによってはいかんともなしえない自然に関して、これを何とか社会を構成する一契機として自らの理論のうちに取り込もうと苦心しているということであろう。婚姻の儀礼や葬送儀礼を行うことで、死というただ人間を圧倒するかに見える自然的条件に人間的な意味を与え、それを通じて人倫的関係の紐帯となるものを探り出すという人間文化の特質への洞察が示されているということである。しかも、核家族を基本に据えて家族を考えるということによって、個人の自由意志を根幹に据える近代の原則を踏まえて家族について考えるということが行われている。自然を人間関係のうちに取り込むとなれば、どうしても保守的にならざるをえないということはあるだろう。しかし、幾万年にわたる時の経過を通じて形成された人類の身体と感情に逆らった理論が有効なものになるものでもないであろう。ヘーゲルの考察は、進歩か反動かという政治的判断を超えて、人間文化にとっての自然の位置づけというようなレヴェルでの反省を私たちに促しているとも見え

13　この時代、ロシアのエカチェリーナ2世、オーストリアのマリア・テレジア等のトップに立つ女性がいた。また、ヘーゲルは、女性が教養を身に着けることを否定しているわけではない。知的サロンの花となるような女性の存在は、この時代にも多くいた。しかし、学問の種類に、男女間で向き不向きがあることは、否めないということなのである。

るのである。

c. 家族の資産

　日々の生活の糧をうることや資産といった一見哲学とは縁のないように見える世俗的、日常的事柄についても、ヘーゲルは、家族論のなかで哲学的考察を加えている。家族を養うための経済活動がたんに物質的欲望やエゴイズムの問題と片づけられて良いはずはない。そこには、家族という共同性を支える人倫的性格を認めなければならないはずだというのである。

　家族の資産は一家族をなす家族全員の共同の所有の対象であり、共同の使用に属するものであるはずである。しかし、またそれとともに、普通は家族の生活を支えている人物——多くは父親——に最終的な裁量権が託されているという側面もある（ただし日本では、西洋より女性の権利が軽んじられているという通念にもかかわらず、夫は迂闊にも、収入のすべてを妻に渡してしまい、そこから月々の自分の小遣いを貰うという慣行に甘んじていることが多く見かけられるようであるが）。だから、この両原理が衝突することもあるということを認めた上で、ヘーゲルは、この対立すらも、婚姻によって形成された家族という単位で資産が所有され、処理されるという核家族の原則に伴うものであるという見方を鮮明にしている[14]。

14　ローマ法では、結婚して妻となった女性は、彼女もその成員の一人であるはずの新しく成立した家族にではなく、以前の生家に属したままという扱いを受け、その結果、家族の資産の相続から排除されるとともに、彼女の生家から受け継いだ資産の方も、彼女の配偶者や子供たちによっては相続されず、彼女の生家に留まり続けるようになっていた。それに

d. 家族の解体

【子供の教育】

　資産は、結婚における夫婦の合一が物件として対象化されたものであるとみなされるが、子供はその合一が生きた精神的なものにおいて体現されたものとみなされる。両親は、子供において自分達の合一を目の当たりにするのである。その親子間の関係が、親子の愛という形を取って示される。そして親子間の生物的関係のあり方に即して、愛の質的差違が作り出されることが着目される。それによれば、親の子供に対する愛には、自分から生まれてきた子が老いゆく自分から独立していくということに対する感動が含まれているのに対して、子の親に対する愛には、自分を生んでくれた親が次第に衰え行く姿を見ながらも、自分が自立を獲得していくということに伴う感動が含まれているという。そこで、親の子への愛は、子の親への愛より常に強いものであるとヘーゲルは指摘しているのである。このように生と死との交錯を介して異なる種類の愛が家族を支える柱となる姿が巧みに描かれている所にも、ヘーゲルの『法の哲学』には良く人間が描かれているという特徴が認められると言えるであろう。

　また、子供の養育について、子は親の庇護のもとで愛によって養育され、自由な存在として独り立ちさせられなければならないという原則を示した次の文章には、今日といえども、誰も異論を唱えることはできないものが見て取られるであろう。

　ついてヘーゲルは「非人倫的」[180節注解] という評しかたをしている。

人間は子供のときには、両親の膝下（しっか）において、愛と信頼の団欒（だんらん）のなかで育てられなければならない。そうすることで理性的なものが彼のうちに彼自身の最も固有な主観性として現れなければならない。とりわけ幼少時にあっては、母親による教育が重要である。というのは、人倫は感情として子供の中に植えつけられなければならないからである。［175節補遺］

　このように、養育に関しては、子供が理性的なものを学ぶ際にも、両親の愛のただなかで行われなければならない。と言うのも、人倫に関する理解はまず感情として心に植え付けられなくてはならないからだというのである。しかも同時に、しつけの厳しさの必要性も語られている。ヘーゲルによると、養育は基本的には一人前の人間としてあるべき姿を子供が自分で獲得するようにさせることであるという。だから、教育過程において子供を大人に服従させ

☞コラム

　この件に関して思い出すことがある。現在日本では「オレオレ詐欺」（あるいは「振り込め詐欺」）と言うものが横行している。それについて、ある女性評論家は、このような犯罪は欧米にはなく、日本にだけある。日本人の個が確立していない証拠であると評した。しかし、個が全体に融合していると言う点では、ヘーゲルの家族論もそのようなものだと言えそうである。とは言え、感情を通じて個が全体に融合している状態は、まだ子供が成育段階にあるうちのことで、親から独立して以降――家族の解体以降――は違う事情にある。「オレオレ詐欺」は、親元を離れた子供と親との関係を前提として生じるのだから、この詐欺の横行と日本人の個の確立の未熟さとは結びつくということは言えるかもしれない。

ることは、あくまでも、子供に普遍的なものを意識させて大人になりたいという憧憬を目覚めさせ、自然的衝動に囚われている状態から解放させるためのものでなければならない。そこで、子供っぽさそれ自体を何か価値あるものとみなして、いつまでも子供を未熟な状態においておくような教育は正しくないと言われるのである。ここには、さし当りは、J.J.ルソーの『エミール』に描かれたような、子供礼賛の教育論への批判的姿勢を見ることもできると言えようが、もっと普遍的な現代の教育問題、あるいは文化問題という要素も含んでいよう。

e. 遺産相続

このような家族にも解体を迎える時が来る。子供が一人前になり家を出るに至った時である。それは親の死を介しておこる場合もあるが、いずれにせよ動物の巣立ちと同じことが人間の世界にも生ずるのである。ヘーゲルの論述は、それをごく素直に受け止める形で進んでゆく[15]。そして、特に親の死ということに関して問題となるものとして、親の資産の相続問題が論じられる。何と、このように、『法の哲学』では、遺産相続の問題さえも哲学の問題として検討されているのである。

ヘーゲルによると、遺産相続は、本質的にはもともと家族全体にとって共同の所有に服していた資産を、個人的な占有の対象に移行

---

15 ヘーゲルの家族論には、老いた親の介護についての言及が全くされていない。核家族を家族論の中心に据えた代償と言うべきか、親の介護を論ずる場所がないのである。

させることと規定されている。したがって、それは故人と血縁関係で結ばれた家族のなかでのみ行われるものである。さらに、故人の遺産は、男子、女子を問わず家族全員に対して平等に分配されることが、愛による人倫的共同体としての家族の理念を正しく表現する方式だというのである。遺産の分配に関して、故人の意志を尊重するという立場から遺言にしたがって行うのが良いという考え方もある。それは、ローマ法にまで遡ることができる方式であるが、ヘーゲルは、それを採ろうとはしない。それでは、かえって、故人におもねる人物が遺産をせしめる結果を生むというような非人倫的な結果を生ずる恐れがあるからというのである。この箇所で、ヘーゲルは、日頃良く思っていなかったイギリスの法制度、すなわち遺産相続をめぐって遺言を極端に尊重するイギリスの法制度を取りあげて、批判している。遺産贈与の場面での遺言重視の習慣がなければ、確かにシャーロック・ホームズやエルキュール・ポアロが活躍する事件など半減してしまうことは明らかであろうが。このような所にも、ヘーゲルの家族論の、一見古くさい外見にもかかわらず、近代の仕組みの基本を押えたものという性格が明らかになってくると言えるのではないだろうか。

B. 市民社会

【国家と市民社会】

　個人は、まず家族のなかで生き物としての自らの存在を獲得し、成人するまで養育される。しかし、個人には、やがてこの家族の外に出て一人で生活の資を得るために活動することも要求されてくる。

その際、ヘーゲルが、「家族」を超えた個人の活動の場として、「国家」と並んで「市民社会」というものをあげていることが注目される。古代ギリシア以来、「家族」の枠を超えて個人が活動する場面を求めるとなれば、これはすぐに「国家」（ポリス）と決まっていた。それは洋の東西を問わず同じこととみなされるかもしれないが、必ずしもそうではない場合があって、それがヘーゲルなのである。『法の哲学』においては、もう一つ、「国家」とは異なる次元にあるものとして「市民社会」というものが取りあげられている。これは、「家族」と「国家」の間に登場してくるという意味で「差異性（Differenz）」の段階と呼ばれるが、この表現は市民社会の特徴を端的に示すものともなっている。

　「市民社会」はbürgerliche Gesellschaft（ビュルガーリッヒェ・ゲゼルシャフト）という言葉の訳語である。Bürger（ビュルガー）には、古代以来の都市（国家）の住民という意味も含まれているが、フランス語のbourgeois（ブルジョア）という言葉と類縁の言葉でもあるということが示すように、経済的意味が色濃く含まれている言葉でもある。18世紀後半において成立を見た資本主義経済という経済体制によって成る社会こそが「市民社会」の中核をなすものである。アダム・スミス等の経済学者達は資本主義を支える市場法則の研究を行ったが、この市場法則が国家とは異なった原理にしたがう研究対象としての市民社会を支えるものであるという認識こそが、「国家」とは区別されたものとしての「市民社会」という概念の前提となっている。その点で、「市民社会」は徹底的に近代的なものと言えるのである。

【外面的国家】

「市民社会」を特徴づける原理としてまずあげられるのは、そこに属する個人個人が持つ特殊的欲求のぶつかり合いということである。家族においては、個人の欲求やわがままの類は、家族全体を包む愛のなかに溶け込まされ、融和を実現していた。逆に、国家となると、家族とも、市民社会とも異なる高い原理にしたがう統合が想定されるのだから個人の欲求やわがままは超えられたものとなっている。しかし経済原理が支配する市民社会では、特殊性の支配ということが前面に登場していると言われる。差異性の段階と言われる所以である。しかも注目すべきは、そのような特殊的欲求も、それらのもつれ合いのなかから普遍的連関を形成するようになっているのであり、その普遍的連関が逆に特殊的個人の活動を支えるものともなっているという見方がされていることである。

> 利己的な目的は、その実現にあたって、全面的依存のシステムを作りあげているが、それは以下のように普遍性によって制約されてのことである。すなわち、個人の生存と利福と彼の法的定在が、万人の生存と利福と権利のうちに編み込まれ、それを基盤として、この連関においてのみ現実的であり、保証されているというようにである。――この体系(システム)はさしあたっては外面的国家、――必要国家、そして悟性国家とみなすことができる。[183節]

個人の特殊的欲求に根ざす利己的目的でも、それが達成されるためには他者との全面的な依存関係に入らなくてはならない。ここでは、分業化された経済システムが念頭に置かれていて、それが前提

となる個人間の全面的依存関係が、「普遍性」の中身を指すのである。しかし、その「普遍性」は、さしあたっては、個人にとって外側からの強制として現れてくるものである。「外面的国家」、「必要国家（Notstaat）」、「悟性国家」というのは、それを言い換えた表現である。普遍的な関係は、経済関係として、すなわち個人の意図にはしたがわない「市場法則」として現れてくる。そこで、特殊性と普遍性とが「分裂」状態にあると言われる。普遍的連関といっても、そこを支配するのは過酷な競争原理であり、人々の関心の対象となるものは、いかに己の利益を追求するか享受をはたすかということでしかない。それゆえに、この特殊性とそれに伴う偶然性が支配する「市民社会」は、もろもろの対立やもつれ合いのなかで、「自己自身」と「その実体的概念」との破壊［185節］を招くものとみなされる。しかし、他方、それは、また、近代というものを支える不可欠の柱でもあるとみなされているのだ。

このことを展望した上で、『法の哲学』の叙述にしたがって、市民社会を、a.「欲求の体系」、b.「司法」、c.「行政と職業団体」の三段階にわたって検討しよう。

a. 欲求の体系

【欲求と労働の分化】

市民社会の、特殊的欲求が跳梁跋扈する状態に対して、ヘーゲルは、「欲求の体系（Das System der Bedürfnisse）」という名を与えている。市民社会においては、一方において、諸個人が持つ特殊的欲求が量的に止めどもなく拡大するのみではなく、質的にも多様化していくことは明らかであろう。「質的に」というのは、欲求が生存

のための直接的欲求から観念的な欲求へと変化をとげるということである。食欲ひとつ取ってみても、ただ飢えを満たせばよいという状態から美味なものを欲しがるという段階に欲求は転化する。それが、さらに洗練された調理法で作られたものを求めるという段階へ進み、ついには食欲という生理的欲求の充足を越えて、有名レストランで食事したいというように人々の「意見（Meinung）」の作り出す欲求充足の方式が自己目的化するに至るのである。

　他方、欲求充足の手段を作り出す労働の方式も分化され多様化される。それに伴って、諸個人の労働は他者の労働との相互依存関係のうちに取り込まれていく。こうして個人は分業体制に引きずりこまれてゆく一方で、労働の形態の方も人間がじかに自然に働きかけるような「直接性」を脱して「抽象化」されたものとなる。個人の労働は分業体制のほんの一部分を担うような単純なものとなり、生産形態は手工業生産から機械化された工場での生産にと変貌する。しかも、そのようなものとして、生産活動全体も個人も熾烈な競争にさらされたものとなるのである。このようなことは、一面では、人間の労働を自然に縛りつけられた段階から解放することを意味するかも知れないが、他面では、生産形態の止めどない多様化と特殊化のなかで、個人が「依存性と欠乏の無限の増殖」［195節］のただなかに置かれることも意味する。分業と機械化のなかで個人の労働の価値が引き下げられていくということが生じるのである。

【経済法則と見えざる手】

　そして、この「欲求の体系」は次のように定式化される。

　　　　　特殊性は、さしあたっては、意志の普遍的なもの一般に対

抗して規定されたものとして(六〇節)主観的な欲求である。この欲求は、その客観性、すなわち満足に、(α)他者の欲求や意志による所有物および産物でもある外的事物という手段によって、また(β)欲求と満足との両側面を媒介するものとしての活動と労働とによって、到達する。主観的な欲求の目的は主観的特殊性の満足であるが、しかし他者の欲求と自由な恣意との関係においては普遍性がみずからを通用させるので、その理性的性格のこの有限性の領域への仮象としての現れは悟性である。それがここで考察される側面であり、この領域自身の内部において和解させるものとなる側面である。[189節]

　特殊的個人の主観的欲求が客観的対象によって充足させられるためには、他者との関係を必要とする。そこから、自他が結合された「普遍的なもの」が出現させられる。それは、「普遍的」と呼ばれている以上「理性的性格」を示すはずなのであるが、しかし、他面、その「普遍的なもの」の出現も、市場という、特殊的欲求に支配された「有限性の領域」への出現でしかない以上、その理性的性格は当事者には隠されたものとなっている。それが、「仮象としての現れ(Scheinen)」という表現の意味するものである。そして、この「仮象としての現れ」が「悟性」であるという。「理性」という言葉が真に「普遍的なもの」を示すのに対し、「悟性」という言葉がそれに制約が加えられた一段下がった意味が与えられるというのがヘーゲル独特の用語法である。ここで「悟性」という名を与えられた普遍は市場原理を意味するであろう。それは、「悟性」と呼ばれている以上、知的な探究によって解明される性格を持つものである。

III. 人倫

混乱そのものに見える市場に、数量化された単純な法則を探究する経済学に対するヘーゲルの評価はきわめて高いものであった。それを示す言葉を引用してみよう。

> ここ(欲求の体系)に働いているこの必然的なものを見いだすことが、国民経済学という、大量の偶然的なものから法則を見いだすことによって思想を名誉あるものとする学問の対象である。ここでの、一切の連関が反応しあい、もろもろの特殊な領域が群れあって他の領域に影響し、また他の領域から促されたり妨げられたりしている有様は、まことに興味の尽きない光景である。[189節補遺]

これに続いて、スミス、セイ、リカードの名があげられている。このような経済学は近代を基盤にして生まれた学問である。economy(経済あるいは経済学)の語源であるギリシャ語のoikonomiaは「家政学」と訳されるように家庭内の差配という内容を持っていた。その言葉をもとにしながら、それとの対立項として、近代において「国民経済学 Staatsökonomie」(英語ではpolitical economy)という概念が形成されたのである。しかし、さらに注目すべきことは、この「仮象としての現れ」とされた「悟性」が「この領域自身の内部において和解させるものとなる側面である」とみなされていることである。そうなれば、この「悟性」は学問的認識の対象であるだけではなく、欲求の体系としての市民社会に和解をもたらすという役割、スミスの「見えざる手」の機能も担ったものとみなされることになるだろう。このような市場原理と見えざる手という二重の性格をもった普遍性を前提として、市民社会の検討は

進められていくのである。

【資産の不平等】

　欲求の体系としての市民社会を「人倫の喪失」とみなすヘーゲルの批判には厳しいものがある。その代表的な例を取り上げてみよう。

> 市民社会は、このようなもろもろの対立や、対立のもつれ合いのなかで、放埓や貧困の光景を呈するとともに、両者に共通の身体的および人倫的な退廃の光景も呈する。[185節]

　市民社会に対する、「人倫的な退廃」という告発には、後のマルクスによる資本主義批判を先取りするものがあるとさえ言える程である。しかし、また、ヘーゲルの場合、それが資本主義の全面的な否定にまで進んでは行かないということも忘れてはならないことなのである。市場原理を撤廃しなければならないといった言説が彼の口から出ることはまったくない。また、資産について語る場面では、資産所有に関する格差の存在を否定するどころか、積極的に容認する発言を見ることができる程なのである。

　ヘーゲルの見解では、市民社会では資産は個人によって死蔵されていて良いものではなく、社会全体の活動のための資本、すべての人々が相互に依存し合う関係を支える「普遍的で持続的な資産」[199節]となっていなければならないものである。その上で、「この資産は、各人が自己の陶冶教養と技倆を通してこれに参与するという可能性を含んでおり、これによって各人は自己の生計を確保することになる」[199節]ということになるというのである。各人の陶冶教養(ビルドゥング)と技倆には差がある。個人同士の間には生まれつきの能力

の差というものもある。その個人が、多様な関心と多様な意志と、多くの偶然を介して社会的資産に参加しているのであるから、当然の如く、各人のはたす役割にも各人の受け取る分配にも不平等が生じることになる。過去においても、今日においても、この格差、不平等ということを自由主義経済の悪の根源とみなす見解は後を絶たなかった。それは、マルクス主義のような資本主義体制全体を覆そうとするような革命思想において見られるだけではなく、20世紀のJ.B.ロールズのような資本主義体制内部での改良主義を目指す人の主張においても認められることであった。それに対して、ヘーゲルの見解では、この不平等は、相互依存的体系のうちにありながらも個人の自律的活動が容認されてもいるという恩恵を与えられた市民社会が支払わなくてはならない当然の代償であるということになろう。そこで、いたずらに平等の要求に固執することは、抽象的な理想を実在的なもの、あるいは理性と取り違える「空虚な悟性」［200節注解］のなせるわざにすぎないとして切って捨てるのである。

【ビルドゥング】

その上で、ヘーゲルは、特殊的欲求が我が物顔に支配するかに見える市場も、じつは個人を陶冶(ビルト)する役割を担う側面を持つものであること、さらにその市場自身が幾世代にもわたる陶冶(ビルドゥング)の産物であることを指摘するのである。普通、形成、陶冶、教養を意味するビルドゥング（Bildung）という言葉については、すでに自由を三段階に分けて説明した箇所で触れておいた。ヘーゲルの好みの概念と言ってよく、これによって、人間が道具を用いた労働を通じて客観的自然を自分の生産物として形成するとともに、自分自身をも形成するに至るという思想も、また、歴史が、長い曲折に満ちた過程を経

て、人間文化を形成するという思想も表現されるのである。

　各人が損得の計算に基づいて参与している市場において、個人は、たんに自分の思い込みだけで我を通せるわけではないことを思い知らされる。交換を基礎に据えた市場というものは、個人のエゴイズムと、自分の利益を追求するためには他者の利益にも配慮しなければならないという利他心との絡み合いからできているものである。それが歴史から与えられた試練の産物にほかならないということなのである。ヘーゲルは、J.J.ルソーに見られるような、未開社会の無垢という神話などを根拠のないものとして一蹴し、近代社会が長期間にわたる陶冶（ビルドゥング）を経て初めて形成されたものであることを指摘するのである。

【プラトンの『国家』への批判】

　同時に、ヘーゲルはプラトンの国家観のような理想国家論も批判する。プラトンが『国家』のなかで説いたことによれば、国家を崩壊させるにいたるような人倫の危機は、個人の特殊性の原理が国家に侵入することによって引き起こされるものだとされる。だから、理想の国家からは、特殊性の原理を、私有財産や家族にまで遡って追放する必要があるというのであった。しかし、ヘーゲルによれば、そのような考え方は、古代においては「個人の自律性の原理」、すなわち「主観性の原理」がまだ成立していなかったことを示すものでしかないという。それに関連して思い出されるのは、近代の労働者の勤労時間について、古代ギリシアの奴隷制度のもとでのそれと比較して、ヘーゲルが論じている箇所である。ヘーゲルは、産業革命を経た近代の労働者の労働時間が十数時間に及ぶようなものとなっていること、それゆえ、古代の奴隷の労働時間と比べてみても、

III. 人倫　　79

近代の労働者の労働条件の方がずっと過酷なものとなっていることを認めている。しかし、にもかかわらず、近代の労働者は、古代の奴隷とは異なって、自分の全存在を雇い主に譲り渡すなどということはない。あくまでも、自分の自由になる時間の何十パーセントかを譲り渡すだけであって、自分の活動時間のすべてを主人に譲渡してしまっているわけではない［67節補遺］。そこに個人の自由の保障と呼べるものがあって、それこそが近代の近代たる所以であるというのである。このように、近代世界が知りえたものは、自律性の原理が持つ可能性の大きさというものである。それを踏まえた上で、古代国家のまだ単純な原理には欠けていた力、すなわち近代社会にして初めて持つことが可能になった「力」について次のように表現されるのである。

  理性の対立を、この対立がもつぎりぎりの強度にまで押し広げさせるとともに、この対立を圧倒し、この対立のなかで自己を保持し、自己のうちにこの対立を結び合わせる統一のうちにのみ存する真に無限な力……。［185節注解］

 市民社会において、各個人は自分勝手に自分の利益を追究しているように見える。各個人はそれぞれの特殊な意見を持ち、表明することも、それにしたがって行動することもできる。自分の望む職業に着き、自分の才覚で成功を勝ち取るように活動できる。にもかかわらず社会はばらばらのものに解体することもなく、全体の統合は保持されている。この、特殊性と普遍性との対立にさらされながら、統一を保つ力こそ、近代の市民社会が保持するものにほかならない。対立を介しての一致ということは、ヘーゲルお得意の弁証法的真理

を示すものである。『精神現象学』では、生殖器のうちに最高度に高い使命（生殖）と最低度に低い使命（排泄）が共存させられていることを「真の理性」のなせることと言っている箇所があるほどである。この真理形式を欠いては近代国家の原理も解明されえないと考えられたのである☙。

☞コラム

　個人の特殊的欲求とそれの自由な選択意志とを認めながら、社会全体の統合の実現も可能となるという有り様を展望した思想となると、アダム・スミスの「見えざる手」の思想が浮上してくる。スミスは『道徳感情論』でも『国富論』のなかでも、この言葉を使っているが、それによると、個人の利己的な営利心を容認しても、そこに見えざる手が働いて、社会全体の調整が実現するというのである。『国富論』から該当箇所を引用しておく。

> 彼は普通、社会一般の利益など目指しているわけではないし、また自分がどれだけ社会の利益を増進しているのかも知らない。そしてこの場合でも他の多くの場合と同様、見えざる手に導かれて、彼の意図のうちにはなかった目的を促進するのである。そして彼が意図していなかったということは、社会にとってはけっしてより悪いことではないのである。［Adam Smith, *An Inquiry into the Nature and Causes of the Wealth of Nations*, Oxford, 1776, 456］

「公平な観察者」の概念に示されているように、倫理的なものの基準を個人の内面を掘り下げてみることに求めていったスミスであったが、他方で、個人を超える場所に設定された「見えざる手」の理論を提起もした。市場法則に社会の調整機能も与えたヘーゲルの市民社会論にもその影響を見ることはおかしくはないであろう。

III. 人倫

このような記述を見れば、ヘーゲルが市民社会を、いかに人倫の荒廃したもの、矛盾に満ちたものと見ていたにせよ、最終的には、これを肯定的に把握していたということが、明らかになるであろう。生産力の拡大同様に、個人の自由な活動を始めとした基本的人権の確保も、学問、文化の発展もこの市民社会を生み出した近代の産物であるという認識をヘーゲルは捨てることがなかったのである。では、なぜこのようなことが可能であったのか。それに対する答が、市民社会が、個人の自立を前提としつつも、その個人を単にアトムとして寄せ集めたのではなく、有機的に組織化されたものとして捉えていたからであったということになる。それが、次にあげる「職業身分」の捉え方に示されているものである。

【職業身分】
　ここで「職業身分」と訳出されているStand（シュタント）というドイツ語は、普通は「身分」と訳される言葉である。「身分」というと、近代以前の人間の上下関係を指す言葉のように見えるが、しかし注意しなければならないことは、『法の哲学』においては、この身分という言葉には人間の上下関係という意味は含まれておらず、社会的分業の単位を指す意味だけが与えられているということである。その市民社会の身分は、「実体的ないしは直接的」身分、「反省的ないしは形式的」身分、「普遍的」身分［202節］の三つに大別される。そして、それぞれが、農業（土地貴族を含む）、商工業、官僚という職業に対応しているのである。
　これについて、ヘーゲルは、三つの身分への分割は「概念にしたがって」［202節］行われると言っている。「概念にしたがって」とは何なのであろうか。ともすれば、このような表現のうちに、ヘーゲ

ル哲学が悪しき観念論哲学であることの証拠を見る見方もあるだろうが、しかし、それは正しいとは言えないであろう。少なくとも、ヘーゲルの意図としては、この言葉によって、事柄の本性に即した区分というものが目指されているのであって、たんに観念の遊戯が目指されているのではないからだ。

　まず目につくのは、これらの職業身分が自然との距離にしたがって区別されているということである。「実体的ないし直接的な身分」においては、一方では土地を資産とする土地所有者と、自然の恵みに依存しながら労働にいそしむ農民の姿が見て取られる。それに対応して土地を所有する貴族なり、土地を耕作する農民なりが家族を生産の単位とする姿が思い描かれる。そこで、この職業身分に属する人間の志操の特徴は他者への「従属」[204節補遺] ということになる。それと逆なのが、「反省的ないし形式的な身分」である。そこに属する人々は、自然に逆らい、自然の産物を加工することをもって自分の仕事とする（そこで「産業身分」とも呼ばれる）。ここには、手工業、工業、商業が属しているが、いずれにせよ、個人が自分の労働、反省、才覚を頼りに、他者の活動と欲求に積極的に関わるという活動形態が認められるのである（経営者であるか賃金労働者であるかの別は問われていない）。したがってこの職業身分に属する志操は、「自由と秩序に対する感覚」[204節補遺] ということになる（その点ではこの身分こそが市民社会に最もふさわしいものと言えよう）。このような自然からの距離による区別がされた上で、次に、この二者とは異なって、社会の「普遍的利益」[205節] を自らの仕事とする普遍身分が第三の職業身分として設定される。官僚、教員、軍人などがこれに含まれる。このように機能と性格を異にする三つの職業身分が、その差異性を保ちながら結びつけられ

ることによって、よく全体の統合を実現するという構想のもとに職業身分の考察が進められていく。この区別されたものの作る統一態という構想が自然研究における有機体論に類似するものであり、それこそが「概念にしたがって」という表現の語るものとみなすことができるであろう。

　それにしても忘れてはならないことは、市民社会においては、個人がどの職業身分に属するかは完全に個人の選択意志にまかされているということである。そこが、どの身分に属するかが国家によって決められることになっているプラトンの「理想国」や、出生によって職業が決定されるインドのカースト制と異なる所である。それに応じて、市民社会における個人の徳目に関する興味深い指摘もなされる。市民社会においては、「一人前」の人物とみなされるのは、その人が何ものにも囚われない自由人であることによってではなく、何か特定の職業に従事する職業人であることによってだという。職業人であることは、自分を一定の特殊的活動に限定することにほかならないが、しかし、それは、自由人であることを制約するわけではなくて、その限定を通じてはじめて、人は一人前の自由な人間とみなされることができるというのである。

　　このシステムにおける人倫的志操は、それゆえに、誠実さと職業身分上の誇りである。すなわち、それは、自己を、それも自己自身の規定にもとづき、自己の活動、勤勉、技倆によって、市民社会の諸契機の一つという分肢となし、このような分肢として保持することであり、また普遍的なものとのこの媒介によってのみ自己のために配慮し、同様にそのことによって自他の表象のなかで承認されていることである。［207節］

そのような職業人の志操は、職務遂行上の「誠実さ」、すなわち職務の遂行に精一杯の技倆と熱意を傾けること、そうすることで市民社会の一分肢であるとの自覚を得て、「職業身分上の誇り」を抱くようになることであるという。近代において人は職業を通じてのみ自分を確保することができる。職業に就くことは、たとえ労働に縛りつけられることになったとしても、古代の奴隷とは異なって、自由な市民であることを自覚できる道であるというのである。

b. 司法

【司法と市民社会】

　以上見てきたように、「特殊的」欲求が剥き出しの形で支配しているのが「欲求の体系」であったが、その根底にも「即自的かつ対自的に存在する普遍性」［208節］がひそみ、支えとなっていないわけではなかった。所有が所有権という形で法的に確保されているような法治体制の存在など、その普遍性の例として見ることができるものである。所有権や契約等、『法の哲学』第一部の「抽象法」で扱われた法規定は、市民社会においてその実質的内容を受け取る。その、法がいかなる内容を与えられて、運用されるかの問題が「市民社会」の「司法」の内容をなす。

　国家権力を立法、行政、司法の国家権力の三権に区分するモンテスキュー（1689-1755）以来の西洋の法学の伝統から見ても、また裁判というと、御白砂の上に引き出された裁判当事者達が御奉行の御裁きを待つものとする日本の伝統から見ても、司法を「市民社会」に位置づける方式には理解し難いものがあるかもしれない。しかし、たとえばシェークスピアの『ベニスの商人』におけるように

裁判官が係争当事者によって雇われるという裁判制度の事例を見れば、また今日の民事訴訟において裁判費用を係争当事者が支払う義務を負うという事例を見れば、ここで「司法」と名づけられている裁判制度が、本来市民社会の秩序の維持や利害の調整ということを使命としているという考え方も理解されるであろう。裁判についての、ヘーゲルによる論述を追ってみよう。

【裁判】

裁判に関し第一の前提となることは、犯罪は個人（被害者）に対する侵害という水準を超えて、社会を支える普遍的正義に対する侵害という意味を持つのだから、裁判においては個人的復讐の類が図られるのではなく、「侵害された普遍者」［220節］が犯罪の訴追と処罰を引き受けなければならないということである。それは、すでに「抽象法」のなかの犯罪と刑罰について論じられた箇所で見たところであるが、改めて確認しておく必要があろう。

次に前提となることは、市民社会の成員が裁判所に出頭し、自らの権利を主張し、それが確保されるようにするということは、個人の権利であることはもとより、義務ですらあるということである。そのためにこそ、個人は法律や司法についての知識を持っていることが要求される。ヘーゲルの裁判についての考え方は、市民社会における自律した個人の知識や意志を根幹にすえたものとなっている。法が立法機関でしかるべき手続によって制定されたものであること、法律の条文や裁判の審理手続きが周知されていること[16]、裁判が公

---

16 法律の条文が、国民に周知されている必要性について論じる箇所でヘーゲルは、古代ギリシアの時代、シラクサイの僭主ディオニュシウスが、

開されていることの必要性、罪の確定に際しての自白の契機の不可欠性、陪審員制度の擁護等、すべてその自律した個人の知識や意志と固く結びつけられているのである。

　ヘーゲルは、裁判における司法的職務に二つの側面があることを認める。第一の側面は、事件の存在や行為の性格の確定なり、犯人の特定なりを行うという側面であり、第二の側面は、事件をどの法律に包摂するのがふさわしいかを判定する側面である。その際、第二の側面は、審理の行程を指揮監督することと同様に法律の専門家である裁判官の手に委ねられるのが普通である。しかし、第一の側面については事情が異なる。すなわち、そもそも事件があったかの否か、またその事件の性格はいかなるもので、誰がその犯行を行ったのかについての認識は、特別の専門知識をもった専門家でなくとも、「教養ある人間になら誰にでも属するような認識」［227節］だというのである。もとよりこの場合の教養は特別に高尚な教養などを指しているわけではなく、一般常識を身につけている程度のことを指している。それさえあれば、事件となった行為の判定が誰にでも可能であるというのである。

　　　行為の法的性格の決定にとっては、行為者の洞察や意図といった主観的契機が本質的であり、証拠がただちに理性の対象や抽象的な悟性の対象に該当するわけではなく、ただ個別

　　制定された法を高い所に掲げ、市民の誰もがそれを読めないようにしたことを例にあげて、非難している。今日、法典を高い所に掲げる国はほとんどないであろうが、あの難解な法律用語で書かれた法典の存在は、それに順ずるものかもしれない。

III. 人倫

性や状況、感性的直観や主観的確信の対象に該当するのみであり、それゆえ絶対的に客観的な規定をうちに含んでいないそのかぎりにおいて、決定において究極的なものは主観的な信念であり、良心（animi sententia）である。それは、たとえば、第三者の供述や断言にもとづく証拠に関して、宣誓が、主観的ではあるが、しかし究極的な保証であるのと同様である。［227節］

　個々の事件の判定にとっては、行為者の洞察や意図のような主観的契機こそ本質的なものであり、またそれを明らかにするはずの物的証拠も、個別的状況における感性的直観や主観的な確信に支えられてこそ意味をもつ。自白のような主観的契機や良心を重視するという考え方は、一見すると、証拠より自白や証言を重視する見方であるように受け取られ、現代の裁判の常識に反すると思われるかもしれないが、そうとは決めつけられないであろう。証拠といっても、所詮は現場に遺された足跡とか遺留品等の「個別的」で「感性的直観」の対象の類である。それだけでは「理性」にふさわしいものなどではない。証拠が重い意味を持ってくるのも、それが事件当事者なり司法関係者なりの「主観的信念」や「良心」によって、その証拠としての能力が確かなものであると保証されているものだからである。証拠物件が証拠物件として効力を持ってくるのは、法廷における宣誓のような主観的契機によってそれの客観性が保証されているからにほかならないとヘーゲルは考えているのである。凶悪な犯罪の増加は裁判制度の危機をもたらしはしないであろうが、偽証の増加は裁判制度の崩壊をもたらすであろうということなのである。

　これに続いて、ヘーゲルはきわめて微妙な問題を持ち出している。

さらに、幾何学の定理の証明の場合にあっては、図形が悟性によって規定されており、そして一つの法則にしたがってすでに抽象化されているということがある。しかし、一つの・・事実といった経験的な内容の場合には、認識の素材は所与の感性的直観であり、感性的で主観的な確信であり、またこのような確信についての表明であり断言である、——その上でこうした供述や証言や状況などからの推理や、総合が生きてくることになる。このような素材やそれに適した方法から客観的真理が生じるのだが、ただし、その方法は、この客観的真理をそれだけで客観的に規定しようとする試みにおいて中・途半端な立証に行きついたり、また、よりいっそう本当らしい整合性を追求するなかで、その整合性が形式的な不整合もうちに含んでいる場合には、法外な刑罰に行きついたりするものであるが。[227節注解]

このように、裁判で問題になる認識対象は、幾何学の真理のように悟性によって規定された抽象的真理ではない。「幾何学の定理を証明すること」と比較してみれば、経験的、感性的、主観的なものを含んでいて、たんなる確信の断言に終始するものという性格がぬぐい切れないことも事実である。したがって被告に対して誤った立証をしてしまう危険や「法外な刑罰」を科してしてしまう可能性を免れえない。審理には慎重を期すべきであろうし、誤審はけっしてあってはならないことであろう。しかしそうであるとしても、裁判が「主観的信念」を前提としているものである以上、現実問題としては誤審がありうることを認めざるをえない。「誤審はけっしてあってはならない」というのは「誤審はけっしてありえない」ことで

はない、ということなのである。

【陪審員裁判】

　その上で、ヘーゲルは、この裁判の第一の側面に関しては「陪審裁判」(「裁判員制度」) を支持する立場を鮮明にしている。ヘーゲルによると、「陪審裁判」は、裁判当事者としての原告と被告が、自分たちに判決を下す者 (裁判官) が自分たちと同等の市民であるということに対して持つ満足感によって支えられている制度である。その際、ヘーゲルは、たとえ司法活動はそのすべてを専門家にまかせた方が能率的であったとしても、「陪審制」を支持しなければならないと語る。と言うのも、それこそが、「自己意識の権利」[228節] というものが保証される道だからだという。すなわち、自律した市民としての自覚が、法廷で判決を下す役割をはたすということによって、またその判決を受け入れるということによって確証されるということなのである。このあたりにも、「司法」に関するヘーゲルの考え方が、いかに近代的主観性の立場に立って、それに哲学的深みをもたせたものであるかが示されていると言えるであろう。

c.　行政と職業団体

【欲求の体系の暗部への対策】

　ヘーゲルが、「欲求の体系」としての市民社会の暗部にも目を向けていたことは、すでに a.「欲求の体系」の所で見た通りである。しかし、市民社会に対するマルクスを思わせる程の批判的見方にもかかわらず、マルクスとは違って、近代社会の中心問題を資本と労働との対決に還元したり、市場原理の撤廃への展望に導いたりなど

していないというのがヘーゲル独自の結論であったのだが、しかしそれでも、彼が、この市民社会が「欲求の体系」の原理だけで維持されるものとも考えていなかったと言うことは重要である。司法を通じて、諸々の近代的な法的権利の形式的確保が必要であるというだけでも充分ではなく、それ以外に、市民社会における個人の利福への配慮も必要なものとみなされたのである。ことにヘーゲルがペーベル（Pöbel）と名づける人々（ここでは「ホームレス」と訳しておく）が市民社会に出現することに対しては断固とした対策が講じられなければならないと考えられていたのである。その作業が、行政の介入と職業団体に託されたものである。

【ポリツァイ（行政）】

　ここで「行政」と訳している言葉は、ドイツ語のポリツァイ（Polizei）という言葉である。ポリツァイは、今日のドイツではもっぱら警察を意味する言葉であるが、『法の哲学』では、今日の日本語なら「行政」と訳すのがふさわしい役割が与えられている。行政というと国家の一機関とみなされそうであるが、ヘーゲルは、これも市民社会のトラブルの調整機関と解釈してか、国家機関に含めずに、市民社会の場面に置いて、論じている。行政によってなされる仕事としては、街頭の照明、橋梁の建設、種痘のような住民に対する厚生事業や、義務教育の施行、禁治産者への後見や、貧民に対する救貧活動、植民地への移住の斡旋活動などがあげられているが、とくに論議を呼ぶのは、経済への介入に関するものであると言えよう。それには、今日では公正取引委員会がはたすような仕事、自由競争を阻止するような市場における不正取引や独占に対する監視、国内外の経済情報の開示、生産物の品質評価、生活必需品の価格統

制、また雇用拡大のための公共事業の実施[17]などが含まれている。

　この行政介入に行政と市民社会、すなわち官と民との間に活動範囲をめぐってのせめぎ合いの問題が生じることは、ヘーゲルの時代から今日にいたるまで変わらぬことのようである。一方に、民の恣意性に対抗して行政の介入を求める立場（パターナリズム）があり、他方に、民の自由な活動を支持し行政の介入を嫌う立場（リベラリズム）があって、両者が対立関係にあるということは市民社会にとっての宿命であるようだ。ヘーゲルの見解は、その辺の事情をよく心得たものとなっている。何が禁止されるべきで、何が監視されるべきか、何が許可されるべきで、何が強制されなければならないかの境界線は、そもそも特殊性の原理に支配されている市民社会においては、普遍的な尺度を通したものとして確定されるものではない。そこで、行政の介入——規制——が恣意的に見えたり、高圧的で小うるさく見えたりするためにしばしば憎しみの対象となりがちだという指摘がされている。また経済への行政の介入については、この介入が市場原理を圧迫などするものであってはならないのであって、市場原理にまかせていても結局は達成されるはずの結果を、時間を早めて実現させ、それによって市場の急激な変動による社会への打撃を弱めるという役割に限定しなければならぬとしているのである。

17　古代エジプトのピラミッド建設のような事業についても、市民社会における産業の自由の対極にあるものであることを認めつつ、ヘーゲルは、そこに行政の側からの経済効果を目指した「公的な施策」［236注解］という性格を認めている。この見解は、ケインズ以来の恐慌回避のための公共投資の必要性が指摘されている今日、さらにピラミッド建設労働者の気楽な生活実態についての考古学的発見がなされた今日から見て、注目に値する先見の明であると言えよう。

さらに救貧活動について論じる際には、ヘーゲルは、一方では、それがただ低所得者への施しに終われば、個人は自律して自分の生計を立てなければならないという市民社会の原則と矛盾するおそれがあるし、他方では、それを避けるために雇用をふやす事業をおこせば生産過剰を招くおそれがあるというように、この活動に根本的ディレンマがあることを指摘している。そこで、

　　富の過剰にもかかわらず、市民社会が十分には豊かではないこと……［245節］

という印象深い指摘が行われるのである。
　その結果、この市民社会の矛盾は国内市場内部では解決不可能であることが明らかにされ、植民活動や海外市場への進出による問題解決の道が模索される。この時代、新大陸の植民地が次々に独立していくなどということがあってか、ヘーゲルによる、近代国家の海洋進出や殖民活動への見方は楽天的なものとなっている。

　　　産業にとっては、外に向かって産業を活気づける自然的な要素は海洋である。営利の追求において、それは、営利を危険にさらすことによって同時に営利を超え出て、土や市民生活の限られた領野への執着と市民生活の享受と欲求とを、流動性と危険と没落の要素とにおき換える。こうして産業は、結合のこの最大の媒体（海洋）を通して、さらに遠い国々を通商関係のうちに、契約を導入するような法的関係のうちに引き入れる。同時に、この通商のうちには最大の教養陶冶の手段が見いだされ、また商業は自己の世界史的意義を見いだ

すのである。［247節］

　ここには、ヘーゲルの近代的産業への、さらにそれを支える近代的生活の発達への楽天的見通し——通商に教養陶冶の手段を見出すような——が何の躊躇いもなく示されているように見えるが、それでも、基本的には、国内経済の矛盾が海外市場に解決の道を求めざるをえないという、レーニンの告発をはじめとして今日にまで続く資本主義経済のアキレス腱が、すでにこの時代において指摘されているのを見ることはできるのである。

【職業団体】

　「職業団体」はコルポラティオン（Korporation）、英語ならコーポレーションという言葉の訳語であるが、それが人にすぐに思い起こさせる前近代的ギルドあるいはツンフトのイメージはヘーゲル自身が強く拒否するところであった。しかし、この「職業団体」が、欲求の体系としての市民社会に対抗する、就中それのもたらす「人倫的な退廃」に対抗する使命を託されている以上、ここに共産主義的、社会主義的主張を期待する向きもあろうが、市民社会における市場原理への否定の思想がヘーゲルの考え方に見られない以上、それは見誤りということになろう。

　「職業団体」は、市民社会の職業身分のなかでは「商工業身分」に固有なものとされている。それは、公的監督の下にある組織という性格も持たないわけではないが、本来は市民社会に根ざした組織を指すものである。各職業団体は様々な特殊的な業種に分かれている。それは、分業体制をなしているものであるのだが、この分業体制のなかにあって、個人個人は砂粒のような孤立した個人として相

争っているものではなく、団体に組織化されているという状態が、この職業団体という概念によって表現されているのである。そこで、各種の社会保証を伴う組織、各種の同業者組合、労働組合などが考えられるが、さらには、資本主義体制のもとで一部は公共的役割を担うにいたった民間企業もそこに含めて考えるべきであろう。ヘーゲルの時代のドイツの資本主義が未発達であったために、ともすればこの職業組合に閉鎖的で伝統的な組織というイメージがつきまといがちだが、それはヘーゲルの本意とは異なる。この概念のもとでは、市場原理の貫徹という前提は崩すことなく、それでも「欲求の体系」の持つ個人と個人との間のむき出しの競争原理には抗する形で形成された組織一般——「第二の家族」[252節]といった呼ばれ方もされる——が想定されていると見るべきである。したがって、歴史的現実としては、官民にまたがる複数の組織や団体によって担われてきたものと見るのが正しいであろう。

　その際、注目すべきことは、市民社会の成員は、各人が持っている固有の技倆にしたがってそれにふさわしい職業団体の成員となることで、初めて一人前の市民と「承認」されるとみなされていることである。一定の職業団体の一員であるということは、日雇いや臨時雇いの身分——今日的表現に従えば「派遣労働者」や「フリーター」——であることではなく、「自分たちの特殊的な生計の全範囲」[252節注解]をそこにかけるようなものでなければならないということである。自分の人生を、すべて職業生活にかけることによって初めて、生計や享受が安定したものとなるというだけではなく、相応の「誇り」も得られる。貧困に対する救済策も、職業団体を経て行われる時、単なる施しであることを脱するというのである。

>   職業団体においては、貧困が受け取る援助も偶然的なものでなくなるとともに、不当に屈辱を与えるものでもなくなり、また富は、自己の団体に対して義務を果たすということで、その占有者のうちに引きおこすような高慢も、それ以外の人々のうちに引きおこすような嫉妬も、消し去るのである。
> ［253節注解］

　貧困も、富裕も、職業団体という客観的制度に吸収されてしまうことによって、過剰な心理的反響を伴うものではなくなる。恩恵を受ける貧者の屈辱感も、富者への嫉妬も、制度化された処理のもとで生々しいルサンチマン的性格を失っていく。制度化に関するこのあたりの洞察は、ヘーゲルが徹底して、当たり前の市民の立場に立って近代社会を見ているということの現れと言えよう。

　以上で、「市民社会」の項を終わることにする。ヘーゲルの「市民社会」論は、『法の哲学』のなかでも取り分け高い評価が与えられている部分であるが、たしかに、200年の時の隔たりにもかかわらず、私たちの住む資本主義社会の基本原則が鋭くえぐり出されているのに驚かされるであろう。

C. 国家

【人倫的理念の現実性としての国家】
　ヘーゲルは、『法の哲学』の「人倫」の最終部分である第3章「国家」を始めるにあたって、次のように語っている。

国家は人倫的理念の現実性——人倫的精神、すなわち、顕
　現した、自分自身にとって明瞭な実体的意志である。……同
　様に個人の自己意識は、その志操を通じて、みずからの活動
　の本質、目的、所産としての国家において実体的自由を持つ。
　［257節］

　国家は、私たちにとって人倫的理念、すなわち人倫の究極的真理
が現実化したもの、明確に顕現したものであり、それを越える人倫
の次元は存在しない。だから、個人の活動の本質であり、個人は自
由な存在であるとしても、それは、自分が国家に従属するものであ
るという自覚において、初めて本当に自由な存在であるということ
なのである。しかも、それは志操を通じて、すなわち心からの実感
として知られるものであることが重要なことである。

　これだけ取ってみれば、今日、余り人気のある見解とは言えない
であろう。少なくとも高度に産業化された先進国においてはその
傾向ははっきりとしている。すでに19世紀において、マルクスは、
国家について、階級闘争を隠蔽する上部構造でしかないものと断定
していた。それは、彼とは正反対の立場に立つように見えるニーチ
ェの場合でも同じことであって、ニーチェは、国家を「組織化され
た非道徳性」[18]と呼び、内に向かっては警察、刑法、身分、商業そ
の他の手段で国民を抑圧するものであり、外に向かっては力への、
戦争への、征服への、復讐への意志として現れるしかないものと決
めつけていた。

18　Friedrich Nietzche, *Friedrich Nietzche Werke in drei Bänden*, herausgegeben von Karl Schlechta, 635.『権力への意志』七一七節。

【国家における自由】

「国家主義」という言い方が、国家を優先して人民の権利を無視するというような否定的な言葉として使われる。それだけではない。現在では、「国民国家」という言い方すらも否定的な響きがしがちであって、「国民国家にも翳りが差している」といった言葉でも口にすれば、もういっぱしの良心的知識人として通用するといった気配すらある。それなのに、ヘーゲルの『法の哲学』での「国家」には「理性的なもの」、「究極目的」［258節］といった規定がされているのである。『法の哲学』が、折から成立しつつあった国民国家の理論的基礎づけをするという使命を帯びていたということなのであるが、そうなると、今度は、このような国家を抑圧的なものと捉える考え方と、ヘーゲル自身が『法の哲学』を自由という原則のもとで展開していると宣言していることとはどのように結びつくのかという疑問が湧いてこよう。そこで、ことは、ヘーゲルが国家主義者であるのか、リベラリストであるのかの評価の分かれ目の問題となる。

たしかに、ヘーゲルの国家論が、個人の権利や自由意志を無前提的に出発点とするものではないという点では、一般に近代的自由主義の代表的事例と考えられている英米型のリベラリズムとは一線を画するものとみなされるかもしれない。ホッブズ、ロック、スミス等の国家論においては、個人の生存、個人の権利がまず出発点にあり、国家は、それの確保のための手段という位置づけがされていると言っても良い。そのためにこそ、「自然状態」などというフィクションも必要であった。それに対して、ヘーゲルの国家論においては、国家があってこそ初めて個人の自由もあり得るという側面が強調されているように見える。そこで国家に「実体」という名称が与

えられる。そうなれば、ヘーゲルの語る自由など自由の名に値しないものだという見方も出てきそうであるが、しかし問題はそう簡単ではないだろう。

　昭和の日本国憲法に照らしてみた場合、今日、私たち日本人の多くは、国家が個人の権利を保証し、個人の幸福の実現に配慮すること、その意味で主権在民が国家体制の基本をなしていることを当たり前と思っているであろう。しかし、同時に、この国家が単純に個人の自由意志、自己決定の集合とみなせるかというと、そうではないということも、誰もが心得ていることではなかろうか。国民一人一人が、過去の伝統的権威に基づく共同体観念によって縛られているというだけではない。現代を生きる私たちは、高度に分業化され、システム化された社会体制のなかで生活するしかないということがある。日々の生活の糧も、身の安全も、システム化された社会システムを介さずには、得られるものではない。それは、市民社会や地方自治体から始まって、国家にまで及ぶ次元で語りうることなのである。

　国家が、一なる国家として統合され、機能している以上、それが、国民一人一人の意志というレヴェルを越えたレヴェルでシステム化され、私たちに強制力を揮うという場面は必ず存在するはずである。それは「物象化」と呼ばれる事態とも言えるものであって、近代社会に憑りついて離れることのない宿命のようなものであるが、それへの配慮を欠いては、近代人の生き方を理解することも、近代社会、近代国家について理解することも不可能となってくるのである。

【国民国家】

　以上、個人と、国家という人倫的秩序との関係に関して検討を加

えたが、では、国家を超える人倫的秩序と、国家は、どのような関係を結んでいるのであろうか。今日、グローバル化ということが語られ、国民国家[19]への固執を時代遅れのものとみなすような発言も稀ではない。たしかに、時代の変貌は著しく、かつて二度の世界大戦に引き裂かれたヨーロッパに連合（EU）が成立したという事実もある。また、国民国家に戦争や大量虐殺の暗い歴史の記憶がつきまとっていることも否定できない。しかし、その今日においてさえ、基本的には、世界は、国家間の係争が国家を超越する機関なり権力なりによって調整される態勢にはなっていない。コソボ紛争のような小規模の地域紛争一つ取っても国際連合によっては何の解決も与えられないという事実が繰り返されている。国際連合の存在にもかかわらず、現在の世界における国家同士の関係が依然として「自然状態」のうちにあって、国家の独立の保証は国家間での不安定な相互間承認に託されているという状態は克服されていないのではなかろうか。そもそも、国民国家の凋落について気楽に語れるということ自体、じつは長期間にわたる国民国家をめぐる試行錯誤の歴史を経て、それの恩恵を享受できるに至った一握りの先進国における特権であるとも言えるのだから。地球上の多くの地域においては、むしろ、人々は国民国家の枠組みの確立を求めて呻吟しているという方が正しいのではなかろうか。

　このような国民国家が、近代初頭においていかなる基本原則のも

19　「国民国家」をドイツ語の原語に遡るとVolksstaatとなるが、これは普通は、国民に自由と人権が与えられた民主主義国家を意味し、Obrigkeitsstaat、すなわち権威主義的な官房国家に対立するという位置づけがされるはずである。

とに形成されたのか、取り分け、個人の自由と対立するものとして批判の対象ともなりかねない国家が、自由の客観的実現という課題に向かってどのように形成され、どのように機能しているのか。それこそ、ヘーゲルの『法の哲学』、国家論の中心テーマである。ヘーゲルは、その国家についてA.国内法、B.国際法、C.世界史の三項にわたって論じているので、その順序にしたがって見ていくことにしよう。

A. 国内法

i. 国内体制

【有機体としての国家】

　国内法を扱った箇所は、主権国家としての国内体制を扱うi.と、対外主権を扱うii.に分けられている。さらに、このi.国内体制が、a.君主権、b.統治権、c.立法権の三つに分けて検討されている。このように三項に分節化された組織として国家体制について論じられている。その国内体制が有機的組織（Organisumus）をなしているということは、ヘーゲルによって繰り返し語られている国家が自由を保証するものであるということと深く関係していることなので、はじめにそれの確認をしておこう。まず、有機的組織については次のように語られている。

> 　国家は有機的組織である。すなわち理念のその区別項への展開である。この区別された諸側面は、こうしてさまざまな権力とその権力の業務と活動である。これらによって、普遍

的なものは絶えず必然的な仕方でみずからを産出するのであり、この普遍的なものがみずからの産出の前提となっているがゆえに、みずからを保持している。［269節補遺］

　ここで理念（Idee）と呼ばれているものは、普遍が普遍として、全体が全体として捉えられるという、ヘーゲル的な真理を指す言葉である。この普遍の区別項への展開は、真の有機的組織においては、「部分」への分裂であってはならず、「分肢」への展開でなければならないと言われる［278節注解］。「部分」はドイツ語でTeil（タイル）、「分肢」はGlied（グリート）である。タイルは建築素材を指す言葉として日本語の単語にもなっているものであるが、それから明らかなように、「部分」は無機物として、全体にとっての構成要素となるものである。それに対して「分肢」は、私たちの手足、内臓の類を見れば明らかなように、それぞれが異なった機能を果たしながら全体と切り離しがたく結びついている有機体としての身体の構成契機を指す。有機体においては、分節化された「分肢」がおのおのその存在を維持することと、全体が全体自身を維持することとは密接不可分の相互依存関係にある。有機体にしても、有機体になぞらえられた国家にしても、分肢は、全体を前提として存在可能なのである。さらに、対内的観点にしたがって有機的に組織化された国家は、対外的に見ては排他的一者として存在し、他の国家との緊張関係にあるという問題が残るのであるが、それについては後に再びとりあげることにして、まず国内体制における有機体的性格の検討をしておこう。

【国家と市民社会の分離】

　ヘーゲルが、国家と（市民）社会とを区別して捉えたことが、国家論の歴史において画期的な意味を持つことであるということはすでに指摘した通りである。その国家と社会の分離の理由として、ヘーゲルは、市民社会には、国家のはたすような真の普遍を支える能力がないからということをあげる。そこで、市民社会の私的利害に対応するだけのものである「契約」という概念によって、国家の成立原理を説明する「社会契約説」に厳しい批判を浴びせることともなった。しかし、それだけではないはずである。というのも、国家と市民社会の分離の把握ということは、市民社会が、相対的にではあっても国家から独立した存在であることの指摘でもあるはずだからである。近代国家においては、プラトンが掲げた理想国家におけるのとは異なって、国家が個人の職業選択に干渉したりはしないし、その他の個人の私生活に干渉したりはしない。同様に、国家が市場原理を廃絶あるいは抑圧するようなこともない。そのように、市民社会が自分独自の原則にしたがって存在し、機能していることが尊重されているということが、近代における個人の解放という観点から見て、重要なことであるはずなのである。それは、ヘーゲル流の表現にしたがうならば、一方では、近代国家なり、近代社会なりが「客観的必然性」によって構成された体制であったとしても、他方では、個人の恣意や偶然を媒介として成り立つにいたった体制だからだということになる。

　このような近代社会、近代国家の把握は長い射程距離をもったものと言える。すでにその名をあげたニコラス・ルーマンは、高度に成熟した社会システムを、彼が「警察国家」と呼ぶ抑圧的で硬直した権力国家と対比させたが、それは、ヘーゲルによる国家の有機体

論的把握に先行形態を見出すことができる捉え方であると言える。そのことを考えてみれば、次に引用するヘーゲルの近代国家の定式化は、改めて興味深いものになる。

> 近代国家の原理は、主観性の原理がみずからを人格的特殊性の自立的極にまで完成することを許すと同時に、この主観性の原理を実体的統一につれ戻し、こうして主観性の原理そのもののうちにこの統一を保持するという驚嘆すべき強さと深さとをもつのである。[260節]

　国家が、有機体として高度に分節化されるとともに、組織化されているがゆえに、個人の選択意志による決定と行為が保証される。個人は、基本的には自分勝手に自分の人生の方向を決め、自分の利害関心にしたがって活動することが許されている。にもかかわらず、このシステムのなかで「実体的統一」へと連れ戻される。それは強制によるのとは異なったものであり、あくまで個人は自己決定の自由を認められて、恣意にしたがっているにもかかわらず、知らず知らずのうちに組織の原理にしたがってしまうという形を取るのである。また、この個人の自律的活動あればこそ、社会組織の方も活性化され、システムとして満足に機能しうる。こうして、有機的組織化と個人の自由意志とは相反するものであるどころか、相互に補い合うものとされている。それが、近代国家というものだというのである。
　ここには、ともすれば「有機体論的国家」という言葉が喚起するようなロマン主義的な前近代的共同体の幻想や憧れなどがあるわけではない。同じく、ここに抑圧的な全体主義国家を見ようとするの

も完全な間違いである。ヘーゲルにとって、国家は、あくまでも合理化され、明文化された憲法を前提とする近代の産物である。それに加えて、近代の社会体制である資本主義と官僚機構とを、自らを支える二本の柱としている。有機体論といっても、機能的に異なった諸分肢の結合体を意味するに他ならないのである。

【愛国心】

しかし、国家は国家である。企業や団体とは異なって、その形成原理はたんに経済的機能に還元できるものではなく、至上の価値としての普遍に関わるということはあるはずである。それとともに、志操、心情のレヴェルでの国家結合の絆についても問い直さなければならないであろう。ヘーゲルによれば、結合の絆は、家族においては愛であり、市民社会においては職業倫理からくる職業身分上の誠実さであった。それに対応するものを国家に求めるとすれば、愛国心ということになる。

『精神現象学』の「精神」の章において、ヘーゲルは、古代ギリシアの神話的思惟を手掛かりとしながら、家族共同体を支える絆として死者に対する家族による葬礼の儀式をあげる一方で、国家共同体を支える絆としては、戦場での国民の死を賭しての戦いと戦死者に対する埋葬の儀礼をあげている。ここに、ヘーゲルの愛国心論の基本が据えられていることは確かである。国家が、国民に対して最終的にはこのような犠牲を要求するものであることを、ヘーゲルは当然のこととして認める。愛国心の問題は、ともすれば熱い議論を引き起こすものとなっているが、ヘーゲルの見解はそれなりに冷静なものであると言えよう。

ヘーゲルは、一般に愛国心というと、「法外な犠牲」［268節注解］

を払う行為に国民を駆り立てる気持ちのことだと理解されるかもしれないが、それは違うと言う。この時代、ドイツでは、愛国心にかられた一学生が、ロシアのスパイ視されていたコツェブーという詩人を暗殺したという事件が世情を騒がせていたのであったが、ヘーゲルはそのようなファナティックな愛国心を厳しく斥けて、むしろ、愛国心は、通常の生活態度において示される習慣のようなものであると言う。人々が、夜間に街路を通行する時、自分の安全を信じ切って疑わないならば、それこそ愛国心を発揚していることになるという。それは、「通常の状態や生活態度において共同体を実体的な基礎および目的として知ることをつねとする志操」［268節注解］に他ならないからである。日頃反体制的発言をする人が、酒場で気炎をあげた後、わが身の危険など顧みることなく機嫌良く自宅への薄暗い道を歩いていたとすれば、その人は、いっぱしの愛国者になっているというわけか。このように、ヘーゲルにとっての愛国心観に読み取られるのは、国家を支えるものは、ただ計算づくの目的達成の意図や行動、人を強制する制度であるだけでは不十分であり、そこには、国家に対する愛や信頼のような、日常の私たちの志操、心情の水準での支えも必要だということに尽きる。

【宗教と国家】

このように、国家体制を支えるものとしての志操や心情が問われるならば、それとの関連で宗教と国家の関係についても問われることになるだろう。この時代にいたるまでのヨーロッパの歴史を見ても、国家と宗教の関係は複雑で困難を究めたものであった。

ドイツでは17世紀に、プロテスタントとカトリックの対立に端を発するドイツ30年戦争（1618-1648年）がおこり、国家が壊滅状

態になるという悲惨な経験をした。また18世紀末のフランス革命は、ただ貴族階級に対する国民の反抗という政治的革命であっただけではなく、教会の宗教的権威からの世俗権力の独立という宗教革命の側面も持っていたはずである。フランス革命以降に行われたクリュニー修道院の破壊、教会のために描かれた宗教画の王室コレクションへの移管——世俗化（Säklarisierung）——など、多くがあげられるが、ヘーゲルの時代における宗教勢力にも無視できぬ力はあった。また、クェーカーや再洗礼派のように、教義上、兵役の拒否を行う団体を国家がどう扱うかの問題もあった。今日、西洋を始め高度に産業化された大多数の国々では、大体のところ政教分離という形でこの問題には決着がついているように見えるが、社会主義圏やイスラム圏に見られるように、まだ決着がつかない地域も残されている。

　ヘーゲルも、この問題について相応の頁を割き、しかも、まるでわざとのように分かり難い文章でだが、長い議論を展開している［270節］。しかし、その結論は、基本的には国家は有機体として自己の内部で完結しているのだから、宗教による支えを必要としないという見解であると言える。そうなれば、政教分離の主張かということになるが、ただ、簡単にはいかない問題も残る。と言うのも、国家の目指す特殊と普遍性との統一といった真理は、宗教の目指す対象でもあるからである。ただ、国家において、それは「自己意識的で客観的な理性的性格の権利および形式」［270節注解］という形で求められるものであるのに対して、宗教においては、それは、主観的「感情」、「表象」、「信仰」［270節注解］の形で求められるという違いはあるが。

　ヘーゲルの哲学体系において、宗教は、芸術や哲学と並んで「絶対精神」の次元に属するものとされる。「絶対精神」は、人間がこ

III. 人倫　　107

の世界を現実に生き、労働し、認識をするという次元の意識がいかなるものかを扱って済むというのではなく、それら人間の活動と自然の総体を総括して、それを絶対者として捉えるという次元に位置するものである。その際、哲学がこの絶対者を思惟によって捉えようとするのに対して、宗教においては、表象を通じて把握するという違いがあるが、絶対者についての知という最高の知が問われているには違いない。ヘーゲルによる宗教の位置付けも、これが絶対精神に属するものであるということでは高いものであるが、宗教によって国家を基礎づけるなどということになると、その弊を説くことしきりで、きわめて懐疑的な考え方を示していると言える。結論的には、宗教も世俗の国家の存立にとっての役割如何という観点から見られ、世俗の国家の論理に吸収されていくのである。

【三権分立】

　日本国憲法を含めて、今日の世界の多くの国々において、国家権力は、立法、行政、司法の三権に分立させられている。これは、18世紀、啓蒙主義の時代に国家権力が一点に集中することを防ぎ、国民の権利を守るための方式としてフランスの法学者モンテスキュー（1689-1755）によって提唱されたものであり、この制度を採用することは近代国家の常識となっていることであるが、ヘーゲルはこれにあえて異論を唱える。

　たしかにヘーゲルも、国家権力の分節化ということは支持する。しかし、それは、彼の場合、組織が機能分化することを必要とする有機体論の要求する所にしたがったものであった。そこで、同じ理由から、三つの権力が別々に独立してしまうような観を呈する三権の分立という言い方を批判するのであった。その上で、「君主権」、

「統治権」[20]、「立法権」の三権を、あくまでも国家の一つ一つの契機と捉え直した上で、国家は、その三つの契機から成るものという考えを打ち出す。

このように三権分立すら充分認められていないということになれば、民主主義の初歩もおろそかにされていると見られてしまうかもしれない。今日の日本でも、三権の間での権利の侵犯——たとえば、行政権による司法権に対する侵犯のようなもの——に対する抵抗は強く存在する。にもかかわらず、現実の近代国家のあり方を見れば、三権分立というのはあくまでも形式的な制度、建前の類のものであって、実効的に通用しているのは、ヘーゲルが言うように、単一の権力としての国家権力が三つの分肢に分節化されているという見方の方ではないのかとも言えそうである。

私たちの思考方法について論じたヘーゲルの『論理学』では、真理を、普遍、特殊、個別の三つの項の推論関係を通じて示されるものとみなしている。これを国家の三権に当てはめてみるならば、次のようになっている。「立法権」は法という国家を支える普遍的契機を体現するものということで「普遍」に、「統治権」は普遍的なものとしての法を特殊的状況に適用させるものということで「特殊」に、「君主権」は君主の使命が国家の個体としての統一性を確保することであるということで「個別」に対応させられている。

ところで、ヘーゲルの『論理学』では、普遍、特殊、個別の三契機は、ただスタティックに対立しているのではなく、それぞれ逆転

---

[20] 統治権はRegierungsgewaltの訳語である。行政権に対応する内容を含むが、行政という言葉はすでに市民社会でのポリツァイ（Polizei）の訳語として使っているので統治権と訳す。

をはらむ弁証法的運動のなかで互いの役柄を交替しあい、最終的にはそれぞれの項が全体の一契機であることを明らかにするという関係に置かれているが、それと同じく、『法の哲学』においても、国家の三つの構成契機は、それぞれ役割を交替させながら——互いに互いの前提となり、かつ帰結となるということを繰り返しながら——有機的統一を実現するものとして捉えられているのである。

a. 君主権（die fürstliche Gewalt）

　ヘーゲルは、国家にとって君主の存在が不可欠である理由を次のように説明している。それは、まず国家が主権を持つものであるということから始まる。

> すなわち国家の特殊的な業務と権力は、それ自身としても、また個人の特殊的意志においても、自立的で固定化しているということはなく、それらにとっての単一な自己としての国家の統一において究極的な根源をもつという規定が、国家の主権を構成する。［278節］

　国家に属する諸々の権力も、個人の諸々の活動も、有機的統一体——「単一な自己」——としての国家を根拠としてのみ可能なものである。これが、対内的な意味において国家が主権を有するということである。これは、近代国家が国家としての統一を実現していて、領邦や教会領のように、国家の内部に国家を超越する権力を含んでいる中世国家とは異なるということを意味している。そして、国家がこのような一個の有機的結合体であることは、それが「単一な自

己」と等しいものであることを意味していると言ってよい。それ故、国家が持つ、この「単一な自己」という性格こそが、実際に一個の人格を自らの頂点にすえることを求める基盤になるものだという。そして、その頂点にあるのが君主であるというように、君主の存在の必然性が示されるのである。

しかし、そうであるがゆえに、君主は、国家の頂点に座すといっても、そのような形を整えているというだけで、実際に権力を揮うようなものではないとも言われる。したがって、君主の役割は、議会での審議等を経て決められたことに国家が決断を下す時に、その内容に署名することによって、それに「われ意志す」という形式を与える役割を演ずるだけに留めなければならないというのである。

> 完成した有機的組織においては、ただ形式的決定の頂点のみが問題である。そして、君主には、「よし (Ja)」といい、最後の仕上げを行う人間のみが必要である。［280節補遺］

立憲君主政体における、君主の姿が要約されているが、それは、ほとんど象徴的機能しかはたさない存在となっている。しかし、ヘーゲルは、このような性格を持った頂点があることによって、分節化された有機的統一性がよく保持され、それによって国民の自由の方も保証されるようになるというのである。さらに加えて、彼は、このような象徴としての役割は、選挙によって選ばれた元首によってよりも、世襲の君主によっての方がよくはたされるであろう。なぜなら、世襲ということによって、元首の位置が市民社会の直接的利害対立に巻き込まれることを避けることができるからと言うのである。

III. 人倫

今なお、世界には、先進国を含めて君主政を敷いている国がかなりある。君主政が取られていない場合にも、元首の位置が内閣の首相とは異なって実権を持たぬ象徴的存在となっている国々もある。それとは逆に、選挙で選出された元首に実権が集中し過ぎることが問題化している国家もある。実際の権力を持たぬものとしてであっても、あえて組織の頂点を据えることによって、それが抑圧的に機能することを妨げるという一見逆説的な考え方――しかし象徴天皇制として私たちには御馴染みのもの――を示したことで、ヘーゲルの君主像は深い内容を持つものとなっていると言えよう。

　さらに、この君主権には最高顧問職が直属することになっており、それが具体的国事を君主に伝達する役目をはたすとともに、君主による決定に際しての法律的細目を整える役割をはたすとされている。そこで、君主の決定の実質的責任は、君主自身ではなく、この最高顧問職が負うとされている。最高顧問職の存在は、枢密院とか元老院といったものを連想させるが、君主権に重すぎる権限を与えるもののようにも見られて、ヘーゲルが君主に与えた、有機的国家組織を支える空っぽの頂点という逆説的性格づけの卓抜性を損ねているようにも見受けられる。

　とは言え、ヘーゲルが君主に卓絶した権威を与える必要性も認めていたことは、「恩赦」が君主の権限によってのみ与えられるべきだということを記した箇所［282節］にも明らかなことである。引用してみよう。

　　君主の主権から犯罪者の恩赦権が発生する。というのは、
　　生起したことを生起しないものとし、犯罪を赦免と忘却のうちに無きものにする精神力の実現は、ただこの主権にのみ属

するのであるからである。[282節]

　実際に行われた犯罪を無きこととする恩赦というものは法治国家にとっての途轍もない例外的行動である。しかも、この犯罪の赦免は、法を破棄することを意味しない。ただ君主の権威を高めることにのみ、その役割はあるのだ。このことによって発揮される君主権の超絶性と、君主権は象徴に留まるという君主権の限定的扱いとが表裏一体の関係にあってこそ、君主権は良く作用しうるということなのだが、興味深い理屈と言えよう[21]。

b.　統治権（Die Regierungsgewalt）

　君主権のもとで決定されたことを、実行し、適用する業務にたずさわるのが統治権である。普通の三権のうちでは行政権がここに含まれる。これは、一方では、市民社会の私的利害に基づく要求に対応するという使命を担い、他方では、より高次の普遍的な国家的正義の観点にしたがって下位にある市民社会の利害を監督するという使命を担うものである。その役割をはたすために、統治の業務は専門化され、職能分化されているとともに、上級のものから下級のものへと階層秩序をなしている。そのように、上意下達の原則が貫かれるように組織化されている。すなわち官僚体制を形成しているのである。ヘーゲルは、この組織化された体制に対して有機体論的、あるいは有機的という言葉を繰り返し与えている。このような官僚

21　大日本帝国憲法（明治憲法）では、恩赦は天皇の大権に属した。日本国憲法（昭和憲法）では、恩赦の確証のみ天皇に属す。

制支配というと、「支配の社会学」におけるマックス・ウェーバーの定式化が古典的な例として良く知られているが、ヘーゲルの官僚論も、近代の官僚体制について、簡略にして周到なものたりえている点で、それの良き先駆者とみなすことができるであろう。まず、職能分化され、統治の頂点から市民社会にまで及ぶピラミッド的階層秩序をなす組織について次のように記述されている。

> 統治の業務においても同様に労働の分業化が生じる。諸官庁の有機的組織は、そのかぎり、以下のような形式的ではあるが、困難な課題を負う。すなわち、市民社会は、それが具体的に営まれる場所である、諸官庁の下位の層によって具体的な仕方で統治されるのであるが、しかし、この統治の業務は、抽象的な諸部分に枝分れしており、それぞれの部門は、別々の中心点としてのそれぞれに固有の諸官庁によって取り扱われるのであり、その際諸官庁の活動は、最高統治権において一点に収斂していくのと同様に、下に向かっても、市民社会の具体的面倒が見られるようにと、再び一点に収斂することになるのである。［290節］

諸官庁の分業化された組織が上位の命令機関に収斂していくとともに、個々の末端機関も、複数に分業化された官庁組織と業務からの監督、庇護を受ける。官僚体制の取る階層秩序がここに描き出されているのであるが、ヘーゲルによる官僚組織の規定は、さらに職務内実の規定にまで及ぶ。官僚の職務に就く条件は生まれながらの身分等によるのではなく、教育によって身に着けた実務的能力の如何によるだけのものであること。業務内容に関しては、法規にした

☞コラム

官僚組織図

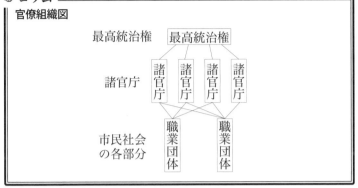

がった客観性を要求されるものであること。だから、この業務をはたす官僚（普遍身分）は、能力に関する審査によってのみ役職に就く資格を得ること。生計は国家によって保証されること。要求される能力は、文官としての能力であること。そこで、国家と被治者は、官庁と官僚の職権の濫用による強権支配の危機からは、これを階層秩序と責任体制に従属させることによって、保護されていること等々の指摘がされている。このことからも、いかに、ヘーゲルが官僚体制の現実を踏まえた上で、統治の問題を考察しているかがわかってこよう。

c. 立法権（Die gesetzgebende Gewalt）

【ヘーゲルの立法権論と議会】

　ヘーゲルは、立法権を、国家が諸個人の役に立つために法律の制定を行うという庇護の側面と、個人が国家に（貨幣による税の徴収などによって）給付をしなければならないという義務の側面

III. 人倫　　115

という両側面から規定している。また、この立法権は、国内体制（Verfassung、憲法とも訳せる）を前提して成り立つものであるが、逆に、国内体制の方は、立法権にもとづく法律あってこそ成立するというように、相互関係にある。

その上、この立法権には、最高決定権が帰属する権力という性格（君主的契機）と、国家全体の多様な側面に関わり、国家権力の要求についての具体的な知識をもって協議する側面（統治的契機）、さらに加えて、「議会的要素」が属しているが、何よりも「議会的要素」こそ、立法権の特異性を明らかにするものということができよう。議会――身分制議会（Stande）と呼ばれている――の使命に関してヘーゲルは次のように語っている。

> 議会的要素は、普遍的要件が単に即自的にのみならずまた対自的にも現存在するようになるという、換言すれば、主観的な形式的自由の契機、すなわち多数者の見解と思想という経験的普遍性としての公共的意識がそこにおいて現存在するようになるという規定をもっている。［301節］

議会においては、国家全体に関わる普遍的要件が提出されるのであり、そこで国民一人一人の主観性と主観性とがぶつかり合う審議が行われ、それを経て、多数決による決定がなされる。これによって、普遍的な要件が対自的なもの、すなわち自覚化されたものとなるというのが重要なところである。そこに、ヘーゲルは、議会がはたす、国家という普遍を体現する機関と、アトム的な一般国民とを媒介する役割を見出しているのである。その点で、議会が国民の個人的、私的意見を汲み上げ、国家という普遍にもたらすという重要

な役割を担うものであることが認められるのである。

　しかし、ヘーゲルによって、この議会が三権からなる国政の頂点に置かれるなり、それにふさわしい扱いを受けているかというと、必ずしもそうはなってはいないようである。そもそも、ヘーゲルは普通選挙に対しては否定的な見解を示しており、選挙権に関する男女平等などにも言及していない。議員の選出が普通選挙によるのでは、議員が「烏合の衆」から選出されることになるので好ましくなく、議員は地域団体なり職業団体から選出されて初めて、有機的に組織化された体制を構成しうるとしているほどなのである。さらに、下院以外に上院が設けられており、その議席は世襲の土地貴族（ユンカー）に与えられている。そうなれば、普通選挙によってこそ議会が国民の声を忠実に代弁するはずという、フランス革命の時代以来、今日におけるまで継続し、常識化されている議会制民主主義の考え方からは遠く隔たっていることになる。そもそも、ヘーゲルにとっては、議会には国家の統治の補助機関程度の位置づけしかされていないと言えそうなのである。

【議会の役割の虚像と実像】

　このように、ヘーゲルの議会に関する記述に、彼の時代の事情、ナポレオン帝国崩壊の後、近代的憲法が模索されながらも、伝統の重圧下にもあって、進歩的などとは到底言えそうもなかったプロイセン王国の事情が映し出されている面があることは否定できない。そうなれば、それは時代錯誤的で、今日の民主主義国の常識と思われているものとの乖離ばかりが目に付くということにもなろうが、それだけであろうか。議会について消極的に語られているように見える文章を引いて、検討してみよう。

議会制度は、それによって、国家の要件が即自的には最善に協議され、議決されるという規定をもってはいない。この側面から見れば、議会は単に一つの余剰物をなすにすぎない。そうではなくて、議会制度の特徴的な規定はつぎのことにある。すなわち、統治機関に参加していない市民社会の構成員のことを考え、普遍的要件について、議会でともに知り、ともに協議し、ともに決定することにおいて、形式的自由の契機がその権利を獲得するということにある。［314節］

　まず、議会に対する評価が、先程［301節］のものとは相違して、それ自体としては、国家の要件に関する最善の処理機関などではなく、「余剰物」に過ぎないと決めつけられていることが目を引く。そのように議会に対する否定的、ないし懐疑的な見解が示された上で、しかし、議会を通じて、統治機関に直接関わっていなかった国民が普遍的要件を国家とともに「知る」ことも、「協議し決定する」ことも可能になると明言されている。その上で、ヘーゲル流の表現にしたがえば、そのことによって「形式的自由」の契機が権利をえるというのである。

　実質的には、議会は添え物的な意味しかもち合せていないとみなされているにもかかわらず、議会での審議を通じて、国民の知る権利、国家に関わる普遍的な事柄を国民一人一人が身近に知る権利を満たすことも可能になるという。そのためにも議会は公開されていること、そこでの論議は一般に知れ渡っているということが必要である。そこにこそ、「実質的」ならざる「形式的自由」が権利を持つと言われる所以がある。ともかくも、国家と市民がともに決定に携わるという形式を取ることが、国民の自由を確保する上で必要不

可欠なことだというのである。ここに、ヘーゲルの、議会に自由の原則を求める立場と並んで、現実感覚も見ることができるのであるが、その現実感覚は、次に引用するヘーゲルの世論——議会での発言を用意するとともに、議会審議によって形成されるものでもある世論——に対する、肯定、否定両面の見解が示されている文章にも良く示されていると言えるようである。

　　したがって、世論には、・軽・蔑・さ・れ・る・とともに・尊・重・さ・れ・て・しかるべき値打ちがある。軽蔑されるのは、その具体的意識と表現の側面に従ってであり、尊重されるのはその本質的基盤の側面に従ってである。[318節]

ヘーゲルは、世論というものには、議会活動を通じて形成される諸個人の政治的見解の表明に他ならないという「本質的基盤」の側面と、にもかかわらず、世論が具体的に形成され、表明される際、恣意性が伴うという側面との両側面があり、それが、世論というものを、尊敬の対象ともすれば、軽蔑の対象ともしているということを認めている。そう認めた上で、世論を支える言論の自由を擁護する立場に立つのである。

その際、すでに見たように、まず、言論の自由によって「主観的な自由」が守られなければならないからという理由もあげているのは分かり易いこととして、それと並んで、無責任にでっち上げられた過激な主張などは、国内体制が理性的な性格を保持し、統治が安定し、議会でまともな審議がなされ、かつ情報が公開されていれば、一般国民の無関心と軽蔑に出会うだけだから、国家に対してたいした害悪など及ぼさないというような理由もあげていることが興味深

い。悪い意見はいつも独特である、そこには理性を欠いた意見の特徴が示されているからというのである。ここには、「主観的な自由の擁護」という表向きの理由とは別の、ヘーゲル固有の現実感覚が示されているのを見ることもできるであろう。

　また、最後に、議会に対するヘーゲルの見解を評価するに当たっても、今日における私たちにとっての議会の位置について振り返っておく必要もあるのではないだろうか。議会が国政の頂点にあるということは、今日の民主主義国家の基本常識である。しかし、選挙で一票の票を投じた有権者は、そのことによってそれほどの実感を、すなわち自分が主権者であるという実感をえているものであろうか。議員を選出する選挙が、また選出された議員からなる議会が国民一人一人の声を忠実に体現するものであるといったことは一種の神話に近いものでしかなかろうか。国家の主な業務が高度に専門化された官僚機構によって担われているということとか、経済活動の主要部分が、議会の決定とは違う次元で動いているということは、今日むしろ常識に属するものであろうが、それだけではない。近代社会の巨大な機構のなかでは、個人の行為なり、意志なりは、自らの行為なり、意志なりとは自覚化できないものとなってしまっているという現象もあげなければならないであろう。ヘーゲルによる国家論における議会の従属的な位置づけ、就中、普通選挙をアトム的に解体された国民の意見の反映でしかないがゆえに、国民の普遍的な意志の表明とはならぬものとみなす見解は、「物象化」、「マス化」、「大衆化」等の言葉で呼ばれる近代の民主主義国家の問題点を突く洞察として、評価に値するものと言えるであろう。

ii. 対外主権

a. 戦争と平和

【国家主権と戦争】

　国家主権には、これまでに検討した対内主権の他に、有機的統一体であることのもう一つの別の側面、すなわち、それが個体であるということに伴う「排他性」の側面があることも忘れてはならない。国家が有機的統一体であるということは、異質な他者を排除することによって自己同一性を保持するということも意味する。そして、そのような「排他性」を備えた国家は、どこかで戦争をせざるをえないようになっているというのが、ヘーゲルの見解である。ここから戦争と平和の問題に移行する。

　国家が、一方では、国民の生存とその独立と自由とを保証する「実体的」性格を備えているものであるのに対して、他方、戦時には、国民はこの国家の「独立」と「主権」を守るために、自らの生命、財産その他を犠牲にして捧げるという義務を負うものであるとヘーゲルは語る☞。その際、戦場で発揮することが求められる勇

☞コラム
> これは、近代において民主主義思想を代表する思想家として知られる、J.J.ルソーの、国家の規定、すなわち「国家は、共同の力をあげて各構成員の身体と財産を防御し保護する結合形態である」とする『社会契約論』の冒頭の言葉に対応するものでもある。ルソーは、国民の権利について語りながらも、国民が共同して、国家の防衛のために身を捧げる義務を負っていることも認めている。その点で、国民は、国家の主権者であるとともに、国家の臣民でもあるということになる。

気に関しては、これが、「あらゆる特殊的な目的、占有、享楽、生命からの自由」［327節］という最高度の自己放棄を意味するとしている。したがって、この勇気は、動物や盗賊の大胆さの類ではないことは勿論、名誉をかけて戦いを挑むことを常としていた中世騎士の勇気すら越えるものであるという。

「陶冶された国民の真の勇気は、個人が多数者の中の一人でしかないように、国家の任務において犠牲となる用意ができていることである」［327節補遺］と言われるように、ここでの犠牲は、あくまでも国民という集団のもとで求められるものと言われる。個人は、揃いの軍服を身につけて戦場におもむき、死の危険に曝されながら戦う勇気を示す。それによって、自らが、市民社会の私的利害にのみ拘泥する存在であることを超えた実体的、人倫的存在であることを示すというのである。

このように、国家という、人倫的理念の最終的段階に位置づけられた共同性の紐帯が、兵役義務において完成するとみなされる。そして、ヘーゲルは、『法の哲学』では、わざわざ若年の頃の自著である『自然法論文』の一節を引用して、この問題を次のように論じている。

　　戦争は以下のようなより高い意義をもっている。すなわち、私が他の箇所で述べたように、戦争によって、「諸国民の人倫的健全さは、有限的規定性の固定化に対する無関心のうちで保持されるが、それは風の動きが海を腐敗から守ることと同じである。この腐敗は、長く続く静止が海にもたらすであろうものであり、それは、持続する平和あるいはまさに永遠の平和が諸国民にもたらすのと同様のものである」。［324節

注解］

　すでに『精神現象学』の、主人と奴隷の両自己意識による戦いの弁証法を描いた箇所でも、命をかけての闘争を通じてのみ、自己意識の自由が獲得できると言われていた。このように、死を賭した戦いには、自由と言う倫理的意味が備わっていると認められているのである。それは、同じ『精神現象学』で、古代ギリシアの人倫共同体としての国家を扱う所でも、見られることであった。

　少なくとも、ここには平和主義のかけらも存在しないように見える。逆に、戦争は、国家を支える倫理的支柱として不可欠なものであるかのような見方が示されている。とは言え、ヘーゲルの文章のなかにも、カントの『永遠平和論』の平和論への言及はあるし、戦争を絶対悪と考える考え方や信仰があることへの言及もある。防衛戦争が「侵略戦争」［326節］に転化してしまう危険性への危惧もないではない。さらに、ヘーゲルには歴史の経過とともに、戦争から個人的怨恨の側面や野蛮な残酷さという側面が拭い去られていくだろうという楽天的展望もあった。しかし、国民に対して自らの財産、生命すらも犠牲として捧げることを要求する戦争が、にもかかわらず、国民を「普遍性」にあずからせるという倫理的観点を持ち出して、戦争擁護の立場を明らかにするのである。

　以上の戦争論が展開されている対外主権論の延長線上に、国際法についての考察が登場する。国際法の根本原則についてのヘーゲルの考え方を見ておこう。

B. 国際法

【戦争と平和】

ヘーゲルは、国際法の原則について次のように語っている。

> ・普・遍・的・で、国家間において即自的かつ対自的に妥当すべき・法・と・し・て・の・国・際・法の根本原則は、実定的条約の特殊的内容とは区別されて、諸国家相互間の拘束性がもとづくものとしての・条・約・は・遵・守・さ・れ・なければならないということである。しかし、国家間の関係は諸国家の主権をその原理とするがゆえに、そのかぎり、諸国家は自然状態において相対峙しており、また諸国家の権利はその・現・実・性を、超国家的な力にまで構成された普遍的意志においてではなく、諸国家の特殊的意志に・お・い・て・もっている。先の普遍的規定は、したがって、当為にとどまり、そして実状は条約に従った関係の成立とこの関係の破棄とのくり返しとなる。[333節]

ヘーゲルは、国家を超える権力も正義も実効性を持つものとしては存在せず、国家間の関係は基本的には自然状態にあるものとみなしていた。したがって、国家の独立性は、自然状態に置かれた国家相互の間での信頼関係――相互承認――によって保証されるものでしかないとされる。その限り、国家間の関係は不安定であることを否定できない。しかも、その状況が国際法の基盤となるものだというのである。だから、国際法の「根本原則」は、国家間の条約は遵守されなければならないという義務の段階のものではあったとして

も、個別的国家を超越した「普遍的意志」[333節]にしたがってその実効性が保証されるようなものではなくて、諸国家の「特殊的意志」[333節]において現実性を持つものでしかない。したがって国際法の規定は、「守るべきもの」であるという当為にとどまるものでしかなく、現実には諸国家の間で条約の締結と破棄が繰り返されるだけなのである。そこで、この諸国家の間に真の調停者を作ろうとしたカントの試みに対しては、ヘーゲルは次のように懐疑的な評価を下している。

> 　国際連盟による永遠の平和というカントの考えは、それによれば、この国際連盟が、あらゆる戦いを仲裁し、そして各国によって承認された力としてあらゆる不一致をかたづけて、戦争による決定を不可能にさせるものとなっているが、この考えは諸国家の同意を前提としている。ところが、この同意は、道徳的、宗教的、あるいはまたどのような根拠および考慮によるにせよ、一般につねに特殊的な主権的意志にもとづいており、そのためにつねに偶然性にまとわりつかれているのである。[333節注解]

　国際連盟のような、諸国家を超越する機関を創設してみても、その決定には、各国家の「特殊的な主権的意志」に伴う恣意性、偶然性が介入してしまう以上、最終的な正義を体現する調停者を確立することはなしえないということになるというのである。こうして、国家間の利害対立——たとえば領土問題——の解決は戦争によって決着をつけるしかなく、したがって、戦争は通常の国際関係の一部をなすという位置づけがされることになる。人々が国家を形成して

生きている以上、戦争はなくならないということになる。そうであれば、戦争をやるのにどちらか一方が絶対的正義を主張できるとするような「聖戦論」は、他方を「ならず者国家」と決めつけることと同様、成り立たないものであると言えよう。国家が存在する以上、危険極まりない自然状態にあることは避けられないのである。しかし、そのように国家間の関係が自然状態と呼べるものであったとしても、戦争状態にあるわけではない。自然状態、即、戦争状態ではないのである。戦争はあくまでも平和を用意する役割をもっている。そうなれば、今度は、戦争になった場合、適正なルールが、すなわち諸国家が互いの独立を承認し合っているというにふさわしい戦争の適正なルールが必要となってくるであろう。

【国際法】

そこで次に、国際法における、戦時法の問題が登場する。それについて、ヘーゲルは次のように語っている。

> 交戦中においてさえ、戦争は一過的であるはずのものと規定されている。したがって、戦争は、以下のような国際法上の規定を含んでいる。すなわちそれは、戦争のうちには平和の可能性が含まれ、それゆえ、たとえば使節が敬意を払われること、また一般に、戦争行為は国内の諸施設、平和な家庭生活や私的生活に対して、また私人に対してはなされないということである。［338節］

交戦中であっても、戦争はあくまでも特殊な状態であって、通常状態である平和状態を用意するという意義を持たねばならないとい

うのがヘーゲルの主張である☜。戦争を回避するための国際法なり国際機関の創設は不可能だとしても、戦争のルール位は定められていなくてはならぬであろう。『永遠平和のために』で平和論を説き、また国際連盟の構想を示したカントでさえも、現実には戦争が消滅するなどとは思っていなかった。そこで、カントは「戦時法」についても書き遺しているのである。それによれば、戦時においても、将来の平和時における国家相互の信頼関係を危うくするような行為、すなわち敵国の元首の謀殺や、条約破棄、大衆扇動があって

☞コラム

ここで、第二次世界大戦の終結時のことを想い起してみたい。大戦が枢軸側の破滅的大敗で終了したことは周知の事実である。しかし、日、独、両国とも、完全な混沌のなかで次の体制に移行したのではなかった。ドイツの場合は、ヒトラー自殺の後、海軍提督デーニッツが後継者に指名され、連合国に対する降伏文書には国防軍を代表してヨードル将軍が署名して、終戦となった（後のニュルンベルク裁判ではデーニッツは禁固10年、ヨードルは絞首刑になっている）。日本の場合は、重光葵以下の全権使節が、軍艦ミズリー号上で降伏文書に署名して、終戦となった。ミズリー号上では、使節、及び記者等にコーヒーが振る舞われたそうだが、誰一人手を付ける者はいなかったと記録されている。それに対して、アメリカ、ブッシュ政権主導のもとで2003年に行われたイラク戦争では、そもそもそれがイラク側の大量破壊兵器の保有というフィクションの上で開戦された戦争犯罪に等しい戦争であった上、大統領官邸を徹底的に破壊し尽くしたため、イラク大統領フセインの肉体の痕跡の発見を、爆撃された肉片のDNA鑑定に委ねざるを得なかったという（じつはその時、フセイン自身は身を隠していて、後に逮捕されたのだが）。その後のイラクの不幸をすべて予告する出来事と言えよう。

III. 人倫

はならないと説かれている[22]。その点では、カントとヘーゲルとはほとんど変わらないと言える。

　以上のように、国際法の限界を明らかにした上で、国家間の係争を裁く真の法廷を求めて、世界史にたどり着くことになる。

C. 世界史

　世界史について論じる場面で、ヘーゲルは、まず、「・普・遍・的・精・神・が・定・在・す・る・場・面」［341節］がどこかという問いを立てる。私たちが、身近な狭い限定された境涯を超えて、普遍的なものに触れることを問題とするのである。その普遍的なものには、芸術、宗教、哲学の主題として、それぞれ、「直観と像」、「感情と表象」、「純粋で自由な思想」という形で出会われるというのである。これに続いて、さらに世界史も、私たちをこの普遍に導く者として登場するというのである。世界史についてヘーゲルが論述している所を引用してみよう。

　　・普・遍・的・精・神・が・定・在・す・る・場・面は……世界史においてはその内面と外面との全範囲にわたる精神的現実性である。世界史は

22　この状態は、国際連合が成立している今日、いかほど克服されているのだろうか。国連の存在にもかかわらず、その国連での議決では、また国連軍の派遣では、地域紛争一つ解決しえない。戦争犯罪ひとつきちんと裁けないという事情を、私たちは余りにも多く見過ごしているのではなかろうか。戦争を不可避のものとみなしながら、民間人への攻撃禁止を始め戦争のルールを説くヘーゲルの戦争論は、むしろ今日では現実主義ではなく、騎士道精神を懐かしむ夢物語に見えてしまう。

一つの法廷である。というのも、この法廷の即自的かつ対自的に存在する普遍性のうちでは、多彩な現実性を具えた特殊的なもの、家族の守り神(ペナーテース)、市民社会、民族〔国民〕精神がただ観念的なものとして存在しており、そしてこの場面における精神の運動は、この観念的なものを表現することであるからである。〔341節〕

最終的な正義の基準というものを見出せない国家間の係争は、歴史のうちに解決を見出すしかない。世界史は、諸民族の営為を裁く法廷である。これまで検討の対象としてきた人倫組織は、家族も市民社会も国家も、皆、世界史という普遍的なものの特殊的契機でしかないのである。しかし、世界史という法廷は、ただ、盲目的で、理性を欠いた必然性であるわけではない。

世界史とは、ただ、精神の自由の概念にもとづく、理性の諸契機の必然的な展開、したがって精神の自己意識と自由との必然的な展開であり、——普遍的精神の開陳と現実化である。〔342節〕

世界史は、人間の創るものである限り、物質的事物の原理にしたがうだけのものではなく、「普遍的精神の開陳と現実化」に他ならない。そのようなものとして、国家の問題にも決着をつけるのである。世界史が法廷であるというからには、そこに人類の様々な経験、良きこともあれば悪しきこともあり、栄光に満ちてもいれば、屈辱にまみれたものでもある人類の経験のすべてが蓄積されて、裁きを待つということになっているであろう。それが実際にはどのような

姿を取るものなのかが、次の主題である。

【法廷としての歴史】

　国家間の自然状態に対しては、原則的には人倫のどの水準からも解決は与えられない。あえてこの無政府状態解決に向けて最終的審判を下す法廷の役割を担うものとみなせるものが世界史であるというのが、ヘーゲルの答えであった。しかも、その世界史は、個人の意志では如何ともし難い必然性に支配されたものである。しかしそうだとしても、偶然的な、行き当たりばったりの事実の積み重ねなどではなく、精神が、自らの本質である自由であることを自覚化していく過程として描き出されるようなものだというのである。では、ヘーゲルの歴史への見通しは、どのようなものであったのだろうか。『法の哲学』の検討を終えるに当たって、最後に、彼の『歴史哲学』について展望しておこう。

【歴史哲学】

　ヘーゲルの代表作の一つである『精神現象学』にも明らかな通り、彼は、哲学的真理というものを、時間軸に沿った発展過程を通して示されるものと考えていた。時間軸に沿って変貌を遂げるものとして歴史が形成されるだけではなく、変貌する歴史を見る歴史観の方も、また、歴史的変貌の産物であるということになる。そのような意味での歴史性を追求したものが『精神現象学』であり、それを踏まえた上で、彼の『歴史哲学』は展開されている。

　『歴史哲学』の序文の中で、ヘーゲルは世界史というものを世界精神の発展過程として捉えているが、それは良く知られているだけではなく、物議を醸しだすもとともなっている。世界精神というの

は、一人一人の個人の精神を超えた全人類の精神というもの、それも世界歴史を形成する人間の営みを総括した精神というものを指している。ところで、人間の精神と言うものは、自由を特徴としている。そこで、歴史も精神が自らの自由を自覚するに至る過程と捉えるのである。歴史上には、様々な出来事が興り、様々の民族、様々の個人が登場し、活躍するとともに没落していった。その歴史的遺産を学問的に捉えるためには、それを、ただ事物の偶然的生起の積み重ねとして捉えるのでは正しくないのであって、そこに、一貫した意味、理性と名付けられるような一貫した意味を見出し、人類の歴史が特定の目的——ヘーゲルの場合、自由の自覚化という目的——を持つものであったように考える必要があるというのである。人類の歴史というものは、この自由の実現がいかに人間によってなされてきたかの経過に他ならない。それを捉えるために、ヘーゲルは、世界の歴史を、大きく三つに分割できるとしている。それが、次の三つの体制から成る文化であった。

　　a. オリエント。そこでは自由な人間は一人しかおらず、あとは神官に支配された奴隷同然の国民から成る世界——それゆえにその一人も真に自由な存在などではなかった——。
　　b. ギリシア、ローマ。少数の人間だけが、自分が自由であることを知っていた——ほかの大多数の人間は奴隷であった——世界。
　　c. ゲルマン。人間が人間として自由であること、精神の自由こそ人間の本性をなすことを知るに至った世界、キリスト教の時代である。そして、この自由の自覚を現実世界の体制として実現したのが、ゲルマンの世界であった。ゲルマ

ンは、狭義のドイツを意味するのではなく、西欧、すなわち東欧、南欧を除いた北方のヨーロッパを指す。そして、『法の哲学』に描かれる立憲君主政体の国々こそが、世界史が最終的に目指した自由という目的が実現されたものであるということになる。

　以上が、ヘーゲルの歴史哲学の概観であるが、当然のように歴史を不当に神格化し、独断的に解釈した、非科学的な形而上学的産物だという非難を浴びてきたものでもある。が、ヘーゲルの論述のうちに、歴史に直面した私たちの心を納得させてくれるものがあることは確かであろう。たしかに、過去の歴史的遺物と変わり果ててしまった廃墟の類を見れば、また、おびただしい不正と暴力に満ちた歴史書をひも解いてみれば、一体何のためにという感が私たちの心をよぎらざるをえまい。『歴史哲学』序文には、歴史を、諸民族の幸福、諸国家の知恵、諸個人の徳が犠牲に供せられる屠殺台にたとえている文章がある。その同じ序文には、「理性の狡知（List der Vernunft）」と言う言葉が登場することが知られている。世界史を背後で動かす「世界精神」──ここでは「理性」と呼ばれている──が、世界史上の英雄や栄光に満ちた帝国をあたかも将棋の駒のように動かして、自らの目的を達成していく。その際、世界精神によって動かされる個人なり、個々の民族は、この「世界精神」の目的も、自分の役割も十分に知っているわけではない。ただ、世界精神の狡い智慧に振り回されるように、知らず知らずのうちに、世界精神の目的を達成するのに手を貸してしまう。そして、歴史における自らの役割を終えた後には、歴史に見捨てられた者として、没落する。かくてアレキサンダーは夭折し、カエサルは暗殺され、ナポ

レオンはセント・ヘレナへと流された。もとより、世界精神といっても、狡知を持つ理性といっても、所詮はメタファーの類であろう。ともかくも、このような歴史哲学的展望があってこそ、『法の哲学』も、整合性をもって幕を閉じることができるのである。

　以上の、歴史哲学にまで及ぶヘーゲルの国家論を通して見えてくることは、何であろう。国家を人倫の頂点に据えると語るヘーゲルにしても、それは、決して、国家のなすことをすべて道徳的に容認できるものとみなしていることを意味しているわけではないことは明らかだ。道徳の立場に立てば、カントと等しく、ヘーゲルにだって、国家が断罪されるべき行為をなすことは見えていたはずである。国家のエゴイスティックな側面、暴力的側面、さらに抑圧的側面は、十分彼の眼にも入っていたはずである。しかし、そのようなものであっても、国家の存在はそのまま肯定されなければならない。それというのも、現存する国家のようなものであっても、なんらかの形で無数の個人を集結させる組織としての国家を作らないことには、この地上で生き抜いていかれないように人類というものはできているから。少なくとも新石器時代以降は、そうなっているからである。どうやら、たとえいかなる暴君、愚君が支配する「ならず者国家」であろうと、国家の体裁を保っている限り、人間の国家は、国家として尊重されなければならないというように出来ているようなのである。まして、現存する立憲君主政国家は、古代オリエント以来の人類史の長い試練を経て作られたもの、ビルドゥングの産物である。

　2016年の今日、ISによるイスラム圏諸地域での悲惨な国家崩壊の光景を目にすれば、改めて立憲君主政型国民国家擁護の必要性を痛感させられることになろう。また、そのようなものであればこそ、

国家という組織は、人為的に拵え上げられるようなものではなく、歴史の産物として受け取る他ないものとも思われてくる。ヘーゲル型国家、ヘーゲル型歴史観が手放せない所以である。

その後のヘーゲル『法の哲学』

【後代への影響】

　最後にヘーゲル『法の哲学』の後代への影響に触れておこう。取り上げるのは、カール・マルクスと和辻哲郎である。ヘーゲルとマルクスと言えば随分異なっている思想家と思われることであろう。ヘーゲルは、マルクスと違って、資本主義経済の没落を宣告したこともなかったし、当然、共産主義の未来を予告するなり、社会主義的な宣伝をするなどもまったくなかった。さらに、ヘーゲルがドイツ観念論の代表的哲学者と呼ばれるように、観念を出発点とする歴史哲学を展開したのに対して、マルクスは、生産力と生産関係と言うような物質的条件——この場合は経済関係——を原動力とする歴史哲学を展開した。その限り、まさに、正反対である。

　しかし、マルクス自身が、たとえ批判をこめてであろうと、ヘーゲルの『法の哲学』を、ブルジョア社会の忠実な自画像という扱いをしたことを初め、自らの思想のうちに、ヘーゲルの哲学を多く取り込んでいるという事実があるのである。必然性をもって展開する歴史という考え方、矛盾こそが事態を発展させるといった考え方、理論と実践との相互媒介に哲学的真理を認める考え方、反還元主義的な弁証法論理の追求等にそれは認められている。すでに、本書でも何度も検討の対象となった、社会と国家の分離の指摘など、両者の見解が、全く異なる文脈にしたがいながら、共通性を示している例である。それは、ヘーゲルがどの程度進歩的見解の持ち主であっ

たか、どれほど民主主義のために発言したかといったことなどを超えた問題であると言える。真の哲学的知性による現実の把握が成し遂げられていればこそ、イデオロギーの別を超えた影響力を示すことができるということなのである。

次に、20世紀における『法の哲学』への評価となれば、一方に、度し難き保守主義者ヘーゲル、民主主義の敵ヘーゲルという見解があることを認めなければなるまい。バートランド・ラッセルにとって、カール・ポッパーにとって、また、ハンス・ケルゼンにとっても、エルンスト・カッシーラーにとっても、ヘーゲル『法の哲学』はそのような全体主義と結びつくものでしかなかった。しかし、その反面、ヘーゲルのうちに近代的制度、組織、活動を踏まえたリベラリズムを読み取ろうとする人々もいる。S.アヴィネリのような人にとっては、ヘーゲルの『法の哲学』は、多次元的な統一体を実現している国家の理論として、民主主義的な近代国家を代表する理論とみなせるものであった。その点では、ソ連邦の瓦解に伴う冷戦体制終了時に、「歴史の終焉」を宣言したF.フクヤマの見解も、ヘーゲルの国家論のうちに、専ら自らの掲げるリベラルな民主主義の理論を読み取ろうとする点で共通するものであった。

今度は、目を日本に転じよう。第二次大戦前後にも、ヘーゲルの影響がマルクス主義とセットのかたちで見られたことは確かなことである。ヘーゲルの『法の哲学』の内に直接共産主義のモティーフを読み取ろうとする性急な例もあれば、マルクスの思想全体に貫かれている「弁証法」のヘーゲルからの影響に着目する例もあるが、これが、日本のヘーゲル学の隆盛をもたらしたものであることは疑いない。

とは言え、それとは違った例もある。ヘーゲルを、実存主義的に

解釈する方式もないではない。『精神現象学』などには、現象学や実存主義につながる理論が眠っていることは明らかなのだから。しかし、それ以外に、和辻哲郎の例にも触れないわけにはゆかないであろう。和辻は、明治憲法と教育勅語のもとで生きた人間であるが、壮年期に、いわゆる修身の教科書的性格を脱した、哲学的倫理学——「人間の学としての倫理学」——の創設を試みた。その際、ヘーゲルの『法の哲学』を、自らの「人倫組織」の理論の下敷きとして用いたのである。そこでは、和辻の思想を語るキーワードである「間柄」の概念に相応しく、彼のヘーゲル理解も、共同性の観点からヘーゲルを時に批判し、時に受容するというものになっている。国家については、これを「人倫組織の人倫組織」と呼び、ヘーゲルと同じく、人倫組織全体の頂点に置いている。そのように、和辻が国家に至上の位置を与えた根拠は、ここにこそ、私を去った、公というものの最高度の実現態が見られたからということに尽きる。そこで、国家と対比されることを常とする市民社会については、これを個人の私的な利害に従属する「町人根性」の支配する所とみなして、否定的にのみ評価し、それの近代的人倫を支える積極的側面を評価することはほとんどなかった。その点では、彼の思想の保守性は——ヘーゲルと比較しても——明らかであるが、しかし、国家の本質について、「否定の否定」（『和辻哲郎全集10巻』岩波書店、607頁）といったヘーゲルがかった言葉を使って、国民に犠牲を要求する国家が同時に国民を支え扶助する役割を演ずる事態も表現しようともしていることも忘れてはなるまい。さらに、和辻が、ヘーゲルと同様に、国際連盟の設立に懐疑的で、国家の自律性や国家主権の重要性を強調する立場に立ちながら、その根拠について述べている言葉には、今日改めて意義が見出せるものがある。

人類を一つの全体に組織しようとする努力は、地上の民族
　　のさまざまな特殊的形成を尊重しつつ、それをさらに一層高
　　次の段階において諸和にもたらすのでなくてはならぬ。特殊
　　的内容を捨て去った一様化は人間存在の貧困化であって豊富
　　化ではない。(『和辻哲郎全集10巻』、593頁)

　この、民族的特殊性を媒介にしてこそ人類の歴史の普遍性も達成されるという主題は、ヘーゲルにも遡ることのできる主題であるが、とくに和辻の場合、『風土』の主題に重なってもいることは言うまでもないであろう。グローバル化が叫ばれる今日においてこそ、振り返ってみる価値のある見解と言えよう。

　以上で、ヘーゲル『法の哲学』の検討を終える。すでに筆者の意見は数度に分けて記したが、最後に再度強調しておきたいことは、この『法の哲学』が、いかに一貫して高度な知性によって裏打ちされた考察によって成るものかということである。ここでは、民族主義的な偏見、党派的主張、感情に訴えるだけの扇情的論述の類は厳しく斥けられている——愛国心について語る場所で、民族的身びいきに由来する狭隘な愛国心の類を免れえていることに示されているように——。著作を貫いているものは、人間や、社会に対する、この上なくしなやかで多彩な、また公平な見識というものであるのだ。国家哲学、社会哲学が、もって範とすべきすべき事柄である。

あとがき

　本書は、ヘーゲルの『法の哲学』の概説書、それも内容をできるだけ噛み砕いて分かりやすいものとすることをめざした著作である。ヘーゲルの名とともにこの『法の哲学』の存在も広く知られていよう。また、ここで展開されたヘーゲルの国家哲学、社会哲学に関心を持ち、一度はその内容に触れてみたいと思っている方々も決して少なくないはずである。それでも、あのヘーゲル特有の文章、そこで使用されているヘーゲル独特の哲学的概念や、くどくどしい言い回しには辟易するという声も少なくはないことと思う。そうであってみれば、普通の言葉——日本語だろうと、ドイツ語だろうと——でこの著作が読めるようになるなり、あるいは分かり易く内容を解説されることなりの持つ意義は絶大だと思う。何より、この著作には、本棚の奥で埃のなかに埋もれさせておくには余りにも惜しいと言うべき、豊穣かつ新鮮な知が含まれていると思うからだ。その際、打ち明けておきたいことの一つは、著者がこの著作の翻訳者の一人でもあったということである——岩波書店版、ヘーゲル『法の哲学』（上妻精、佐藤康邦、山田忠彰訳）——。翻訳作業に従事するということは、ヘーゲルの文章の一字一句に付き合わざるを得なかったというだけではない、それを超えて、『法の哲学』に出てくるピリオド、カンマ、傍点、ダッシュの類まで追い回さざるをえなかったということを意味する。その経験は確かに意味深いことであったのであり、そのため、この著書のなかの、普通、人が問題に

しないような細部までをも取り上げ、そこに面白さを見出すということも可能になったと自負している。

　本書の著者である私、佐藤は、先年、東京大学の文学部、倫理学科の教員であった際、この『法の哲学』をゼミのテキストに使ったことがあったが、それから数年して、その時ゼミに参加していた学生の一人から、「先生、『笑える法の哲学』はできましたか」と冷やかし半分に質問された。どうやら、そのゼミでいつか『笑える法の哲学』という著作をものしてやると豪語していたらしい。その約束通り、読者を大笑いさせられるものが書けたかどうかはわからないが、少なくとも、私が目指したものに、『法哲学』というタイトルが一般に連想させるような、四角四面に構えて、国家、社会を論ずるということを逸脱した、読者の微苦笑を誘うような「人間通」ヘーゲルという側面を表面に取り出そうという意図があったことは確かなことのようである。もとより、ヘーゲルがここで扱った主題のなかには、うかつには笑えないような深刻な話も多く含まれていることは事実であるが、正統的国家論、社会論という枠から外れた、人間臭い『法哲学』の成立事情といったものも含まれていて、それが彼の『法の哲学』に独特の輝きを与えていることも確かなのである。国家論、社会論を、哲学の立場から論ずるということは、国家、社会、そして文化一般を、人間とはいかなるものか、とりわけ人間の考える能力というものはどのようなものかという所にまで引きつけて検討するということを意味する。この『法の哲学』に関する概説書のなかで私が一貫して目指したことも、そのようなことに他ならないのである。

　しかし、それにしても今日の世界の国家と社会の状態を見まわしてみれば、国民国家の行く末の問題を始め、巨大資本の支配する巨

大組織としてのわれわれの社会という問題、さらに国際的には今日深刻化の度を増している中東情勢、EU対ポピュリズムの確執問題等々、さらに日本国内に目を向ければ、憲法改正問題など、それぞれ、ヘーゲルの『法の哲学』に直結させることができるような問題、しかもヘーゲル自身もすでに何らかの形で手を付けたことがあるような問題がめじろ押しに並んでいる状況が見えてくる。しかし、このような状況下にありながら、ヘーゲル研究の世界では、ドイツでのヘーゲル全集刊行の影響下、ひたすら些末なテキストクリティーク問題の追及にうつつを抜かしているかの有様である。『法の哲学』の突きつけている問題の生々しい現実性という観点に立ってみれば、そのようなことは、一種の知的怠慢の類とみなすべきことであろう。

　しかし、そこで改めて今日的な課題と対決をすると言っても、注意しておかなければならないことは、ヘーゲルの『法の哲学』が、現実問題に関する最終的解決の類を声高に示すという類のものではないということである。そのようなファナティックな独断に走ることはヘーゲルにも『法の哲学』にも似つかわしいことではないのであって、問題考察のための適切な手掛かりを与えてくれるという役割、問題に対して適切な距離を取るための手助けをしてくれる役割をはたすという位の所に留めておくのが相応しいことと言えそうである。読者の方々のこのような作業に本書が幾分たりとも役立つことを願う次第である。

　最後になるが、本書の出版にあたり御助力をいただいた三元社編集部の方々に感謝の言葉を捧げたい。

著者紹介

佐藤康邦 ［さとう・やすくに］

1944年、東京に生まれる。
1973年、東京大学大学院人文科学研究科博士課程単位取得退学（2005年博士〔文学〕号取得）。
現在、東京大学名誉教授、放送大学客員教授。
専攻、倫理学・哲学。

［主な著書（単著）］
『ヘーゲルと目的論』(昭和堂) 1991年
『絵画空間の哲学──思想史のなかの遠近法』(三元社) 1992年
『カント『判断力批判』と現代──目的論の新たな可能性を求めて』岩波書店) 2005年（第18回和辻哲郎文化賞受賞）
『哲学への誘い』(放送大学教育振興会) 2008年
『哲学史における生命概念』(放送大学教育振興会) 2010年
『近代哲学の人間像』(放送大学教育振興会) 2012年
『様式の基礎にあるもの──絵画芸術の哲学』(三元社) 2013年
他

教養のヘーゲル『法の哲学』
国家を哲学するとは何か

発行日
2016年11月10日　初版第1刷発行

著者
佐藤 康邦

発行所
株式会社 三元社
〒107-0052 東京都文京区本郷1-28-36 鳳明ビル
電話／03-5803-4155　FAX／03-5803-4156
印刷
モリモト印刷 株式会社
製本
株式会社 越後堂製本

Sato Yasukuni © 2016
printed in Japan
ISBN978-4-88303-411-6
http://www.sangensha.co.jp

三元社の入門書シリーズ

シリーズ「知のまなざし」

コミュニケーション論のまなざし
小山亘　コミュニケーションは、単なる情報伝達ではなく、歴史、文化、社会の中で起こる出来事であることを示す。　　　　　　　　　1700円

社会学のまなざし
ましこ・ひでのり　「社会学のまなざし」の基本構造を紹介し、それが映し出すあらたな社会像を具体的に示していく。　　　　　　　　　1700円

社会言語学のまなざし
佐野直子　「話すという事実」において、何がおきているのか。「ことば」の多様な姿を多様な形で記述することで見えてくるものとは。　　1600円

日本語学のまなざし
安田敏朗　日本語への問い。なぜ、「ことば」へ過度の期待が持ちこまれるのか。「日本言語学」のために。　　　　　　　　　　　　　　1600円

教養シリーズ

教養の教育学
森川輝紀　教養としての「教育学」は、「教育の論理」という共通の土俵の形成にかかわり、それによって一つの事実に迫る学問である。　1800円

表示価格は本体価格